개정판 발행일 | 2024년 11월 20일
지은이 | 해람북스 기획팀
발행인 | 최용섭
책임편집 | 이준우
기획진행 | 김미경

㈜해람북스   주소 | 서울시 용산구 한남대로 11길 12, 6층
문의전화 | 02-6337-5419
팩스 | 02-6337-5429
홈페이지 | https://class.edupartner.co.kr

발행처 | (주)미래엔에듀파트너
출판등록번호 | 제2020-000101호

ISBN 979-11-6571-213-6 (13000)

이 책은 저작권법에 따라 보호받는 저작물이므로 무단전재와 무단복제를 금지하며,
이 책 내용의 전부 또는 일부를 이용하려면 반드시 저작권자와 ㈜미래엔에듀파트너의 서면동의를 받아야 합니다.

※ 잘못된 책은 바꾸어 드립니다.
※ 책 가격은 뒷면에 있습니다.

타자 실력 쑥쑥!

구분	날짜	오타수	정확도	확인란	구분	날짜	오타수	정확도	확인란
1	월 일				13	월 일			
2	월 일				14	월 일			
3	월 일				15	월 일			
4	월 일				16	월 일			
5	월 일				17	월 일			
6	월 일				18	월 일			
7	월 일				19	월 일			
8	월 일				20	월 일			
9	월 일				21	월 일			
10	월 일				22	월 일			
11	월 일				23	월 일			
12	월 일				24	월 일			

또롱또롱 캐릭터

푸딩

- **종류** : 여우
- **성격** : 평화주의자, 온화함, 포용적
- **소개** : 웅이 & 짹짹이와 함께 OA 여행을 하는 귀여운 여우로, 웅이와 짹짹이를 도와 친구들이 즐겁게 OA 여행을 완료할 수 있도록 도와주는 친구예요. 풍성한 꼬리가 매력 포인트인 친구로, OA 여행 중인 친구들이 어려움에 처할 때면 온화한 마음으로 지혜롭게 문제를 해결해 줘요.

짹짹이

- **종류** : 파랑새
- **성격** : 호기심 많은 장난꾸러기, 상상력 풍부, 의욕 과다
- **소개** : 호기심이 많아 어디를 여행하든 즐거움 가득! 웅이, 푸딩이와 함께 OA 여행을 하며 이곳 저곳을 구경하는 것을 좋아해요. 항상 기타를 치며 노래를 부르고 있어 주변에 관심이 없어 보이지만 친구들이 미션 해결에 어려움을 겪고 있을 땐 어디선가 나타나 무심하게 힌트를 주고 사라진답니다.

웅이

- **종류** : 아기 불곰
- **성격** : 차분함, 똑부러짐, 협동심, 리더십
- **소개** : OA에 대해 모르는 것이 없는 아기 불곰 웅이! 동물 친구인 짹짹이, 그리고 푸딩이와 함께 OA 여행을 하며 어려움에 처한 친구들을 만나면 발 벗고 나서 도움을 주는 착한 친구예요. 친구들이 신나게 OA 여행을 즐길 수 있도록 꿀을 먹으며 계획 짜는 일을 즐기는 프로 계획러랍니다.

또롱또롱 구성

① 한컴 타자 외에 활용할 수 있는 타자&마우스 연습 프로그램을 확인할 수 있어요.

② 오늘 배울 내용을 미리 확인할 수 있어요.

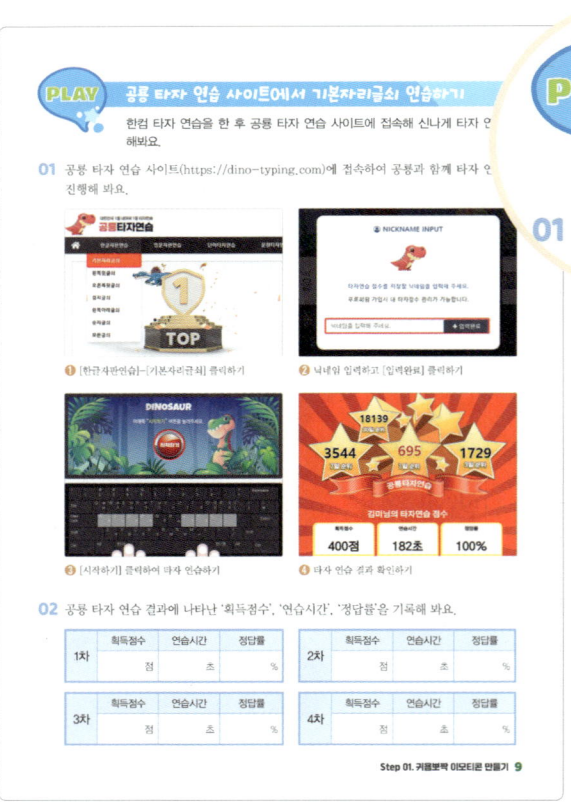

③ 다양한 프로그램을 활용하여 재미있게 타자&마우스 연습을 할 수 있어요.

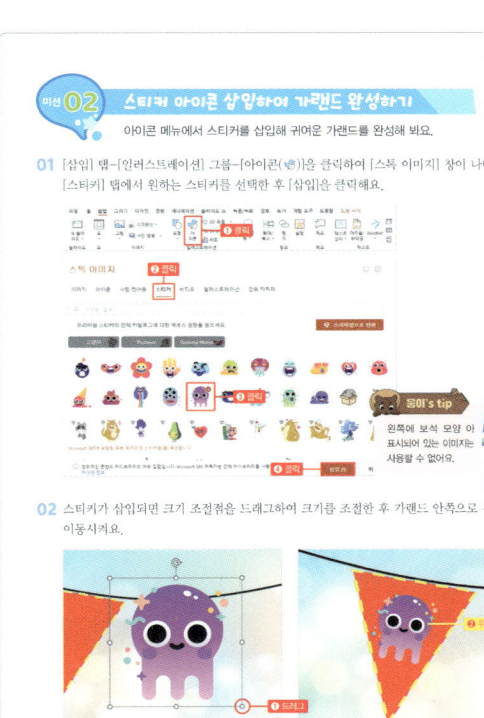

④ 파워포인트 2021의 기본적인 기능을 쉽게 따라하며 재미있게 학습할 수 있어요.

⑤ 미션을 해결하기 위한 팁을 '웅이'가 친절하게 알려 줘요.

⑥ 배운 내용 외에 다른 생각도 해볼 수 있도록 아이디어를 제공해요.

⑦ 앞서 따라해 보며 학습한 기능을 활용하여 나만의 작품을 만들 수 있어요.

⑧ '짹짹이'가 미션에 대한 힌트를 알려줘 쉽게 미션을 해결할 수 있어요.

또롱또롱 목차

01 귀욤뽀짝 이모티콘 만들기	02 달다구리 케이크 토퍼	03 스티커 팡팡! 가랜드 만들기
8	15	21

07 참 잘했어요 칭찬 스탬프	08 냠냠! 우리동네 맛집 지도	09 영어 단어 카드 만들기
48	56	63

13 알록달록 나만의 휴대폰 케이스	14 냥냥 찰칵! 고양이 인생네컷	15 여름꽁꽁 시원한 부채 만들기
91	98	105

19 새콤달콤 과일 빙고 게임	20 장난감 쇼핑몰 CEO되기	21 고고씽! 동화 세계로 떠나기
130	136	143

| 04 훨훨~ 꽃밭을 나는 나비 | 05 찰칵! 동물 포토카드 만들기 | 06 몬스터 띠부띠부씰 만들기 |

29　　35　　42

| 10 톡톡튀는 휴대폰 배경화면 | 11 마음가득! 빼빼로 선물상자 | 12 수리수리~ 마법의 편지지 만들기 |

70　　77　　84

| 16 나의 꿈은? 꿈이 담긴 명함 만들기 | 17 똑똑똑! 커다란 수박 잘 익었나? | 18 화목한 우리 가족 소개하기 |

111　　117　　123

| 22 반짝반짝 크리스마스 트리 | 23 짜릿짜릿! 신나는 워터파크 | 24 냥이다옹~ 캣튜브 슬라이드 |

149　　155　　162

Step 01 귀욤뽀짝 이모티콘 만들기

오늘은 무엇을 배울까요?

- 도형을 삽입하고 텍스트를 입력해 나만의 이모티콘을 만들어요.
- 완성된 이모티콘을 컴퓨터에 저장해요.

1. 공룡 타자 연습 사이트에 접속해요.
2. 공룡이 보여주는 글자의 자판을 찾아가며 기본자리글쇠 연습을 해요.

● 예제 파일 : 01강 폴더   ● 완성 파일 : 01강 완성.pptx

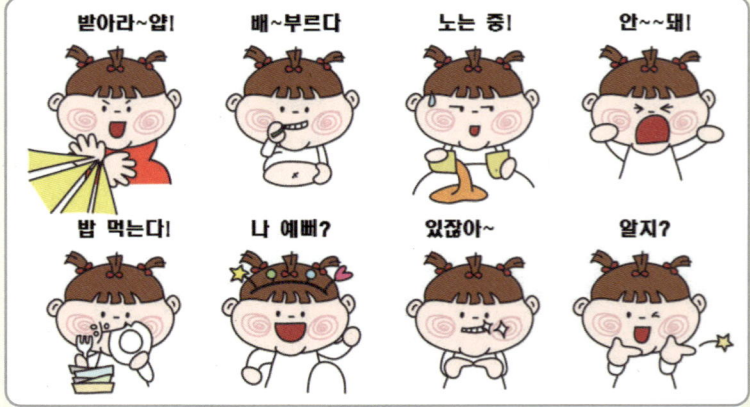

1. 텍스트 상자를 이용해 그림에 어울리는 글자를 넣어 이모티콘을 완성해요.
2. 완성된 이모티콘을 컴퓨터에 저장해요.

공룡 타자 연습 사이트에서 기본자리글쇠 연습하기

한컴 타자 연습을 한 후 공룡 타자 연습 사이트에 접속해 신나게 타자 연습을 해봐요.

01 공룡 타자 연습 사이트(https://dino-typing.com)에 접속하여 공룡과 함께 타자 연습을 진행해 봐요.

❶ [한글자판연습]-[기본자리글쇠] 클릭하기

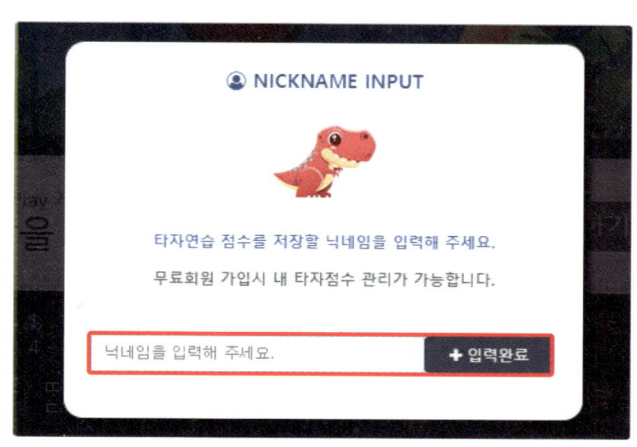

❷ 닉네임 입력하고 [입력완료] 클릭하기

❸ [시작하기] 클릭하여 타자 연습하기

❹ 타자 연습 결과 확인하기

02 공룡 타자 연습 결과에 나타난 '획득점수', '연습시간', '정답률'을 기록해 봐요.

1차	획득점수	연습시간	정답률
	점	초	%

2차	획득점수	연습시간	정답률
	점	초	%

3차	획득점수	연습시간	정답률
	점	초	%

4차	획득점수	연습시간	정답률
	점	초	%

미션 01 귀욤뽀짝 이모티콘 만들기

실습 파일을 불러와 나의 감정을 나타낼 수 있는 이모티콘을 완성해 봐요.

01 파워포인트 프로그램( )을 실행하고 [열기]-[찾아보기]를 클릭해 '01강 예제.pptx' 파일을 선택한 후 [열기]를 클릭해요.

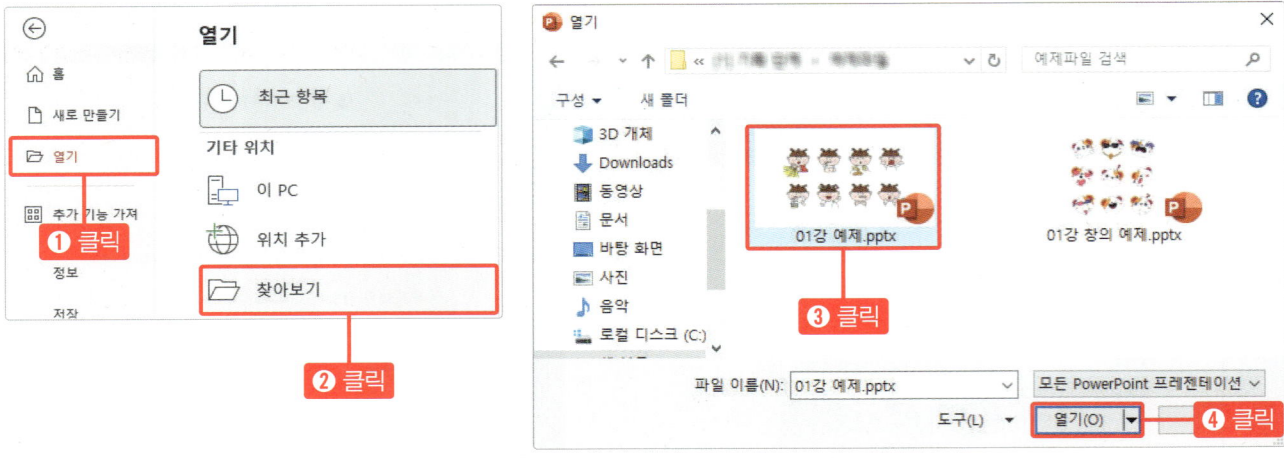

02 실습 파일이 열리면 [삽입] 탭-[텍스트] 그룹-[텍스트 상자(가)]를 클릭해요.

10 또롱또롱 처음 배우는 파포 2021

03 첫 번째 캐릭터 위쪽 빈 공간을 클릭하여 글자를 입력할 수 있는 상태가 되면 "받아라~ 얍!"을 입력해요.

 캐릭터의 제스처와 표정에 어울리는 다른 글자를 입력해도 좋아요.

04 글자를 모두 입력한 후 텍스트 상자를 클릭해요.

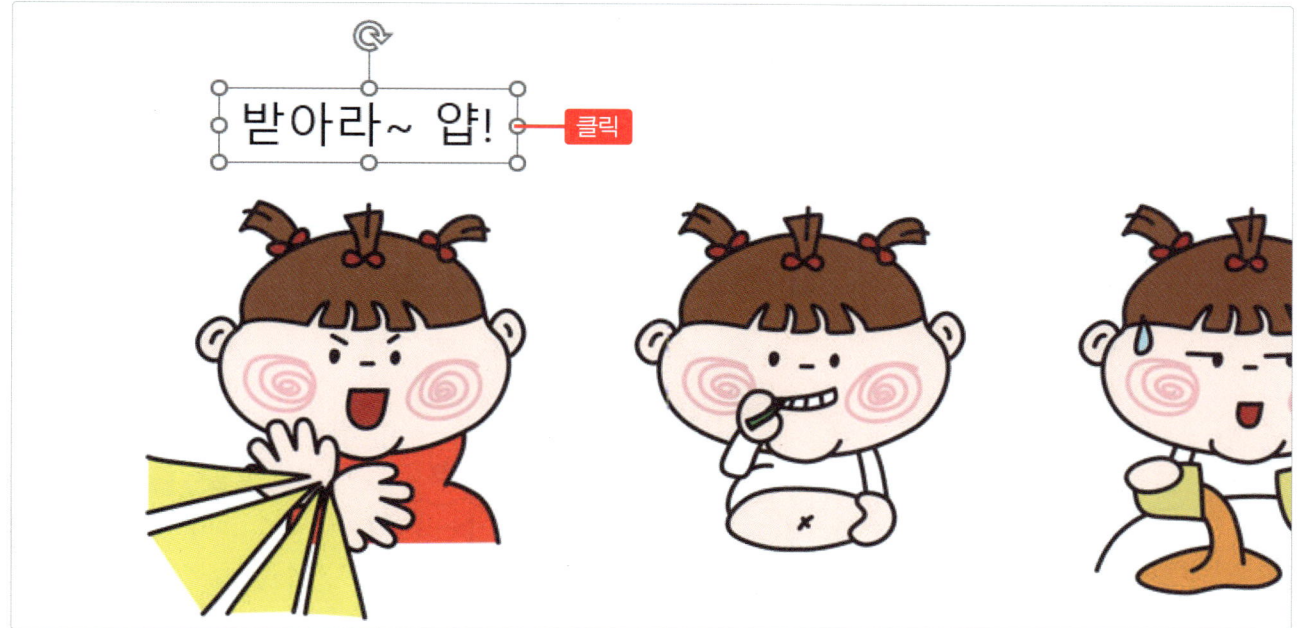

글자를 입력 중일 때는 텍스트 상자가 점선으로 표시되고, 텍스트 상자를 선택하면 텍스트 상자가 실선으로 표시돼요.

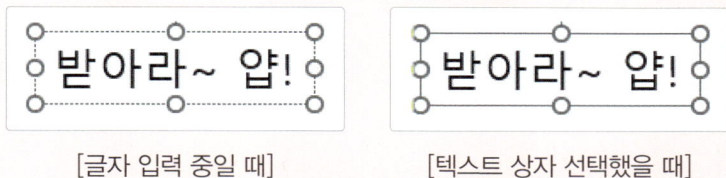

[글자 입력 중일 때]   [텍스트 상자 선택했을 때]

05 [홈] 탭-[글꼴] 그룹에서 원하는 글꼴을 선택하여 입력한 글자의 모양을 변경해요.

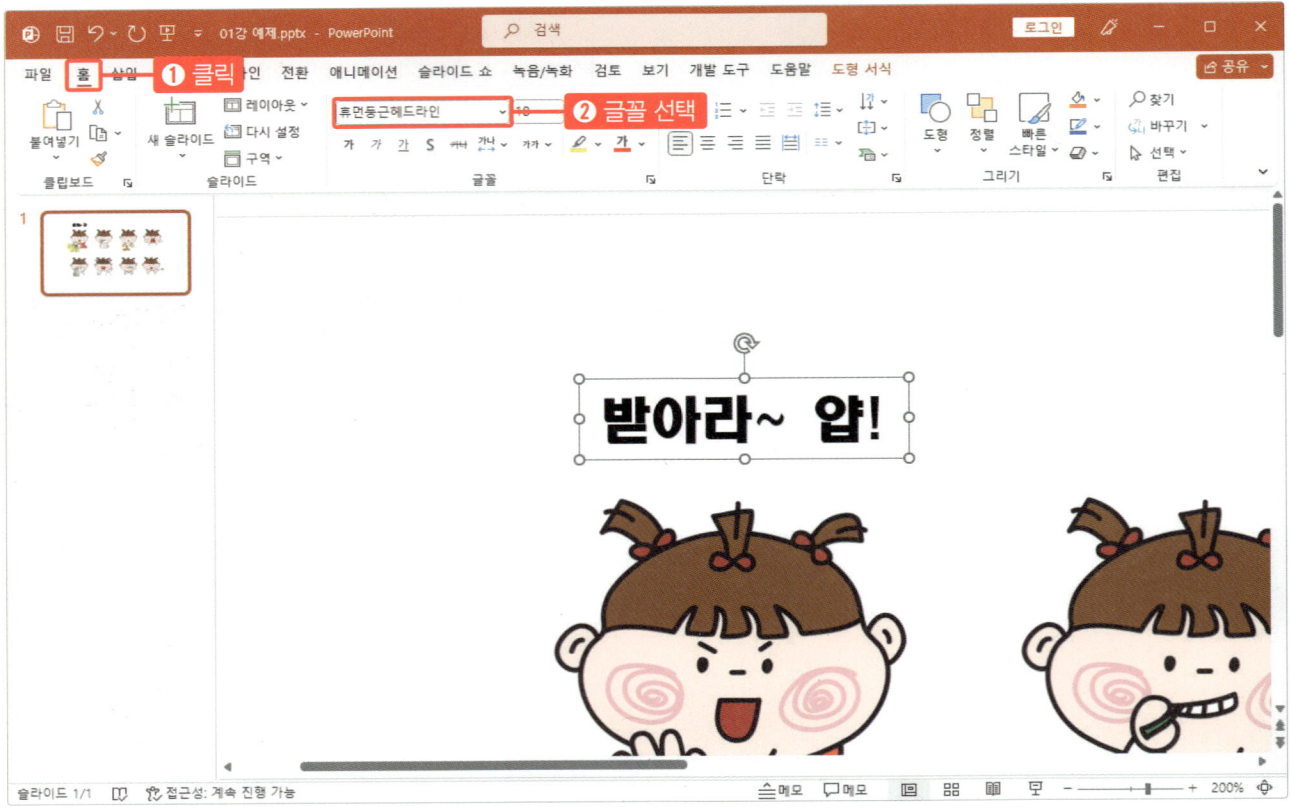

06 02~05와 같은 방법으로 나머지 캐릭터에도 어울리는 글자를 입력하여 귀욤뽀짝 이모티콘을 완성해 보세요.

 캐릭터의 제스처와 표정에 어울리는 글자를 자유롭게 입력해 봐요.

 **완성된 이모티콘 저장하기**

완성된 귀욤뽀짝 이모티콘을 컴퓨터에 저장해 봐요.

01 [파일] 탭-[다른 이름으로 저장]-[찾아보기]를 클릭해요.

02 [다른 이름으로 저장] 대화상자가 나타나면 저장 위치를 선택하고 파일 이름('귀욤뽀짝 이모티콘')을 입력한 후 [저장]을 클릭해요.

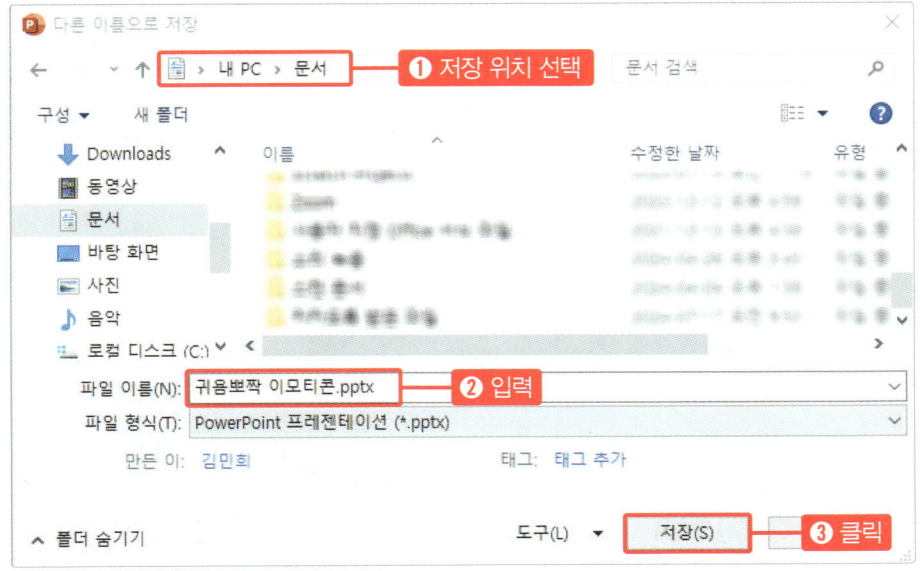

생각 쏙쏙 실력 쏙쏙

▶ 예제 파일 : 01강 폴더   ▶ 완성 파일 : 01강 창의 완성.pptx

① 실습 파일을 불러와 햄스터의 모습을 확인한 후 어울리는 글자를 입력해 보세요.

② 입력한 글자의 글꼴을 변경해 보세요.

짹짹힌트 글자의 크기와 굵기도 자유롭게 변경해 보세요.

Step 02 달다구리 케이크 토퍼

오늘은 무엇을 배울까요?
- 다양한 도형을 삽입하고 예쁘게 꾸며요.
- 도형에 텍스트를 입력해 케이크 토퍼를 만들어요.

1. 타자몽 프로그램을 실행해요.
2. 자리 연습을 해요.

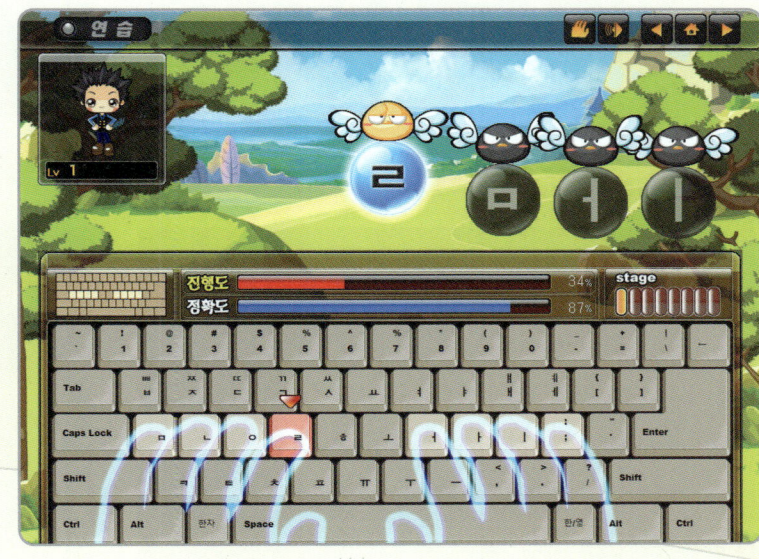

● 예제 파일 : 02강 폴더 ● 완성 파일 : 02강 완성.pptx

1. 도형을 삽입하고 서식을 변경해 케이크 토퍼 모양을 만들어요.
2. 도형에 텍스트를 입력해 케이크 토퍼를 완성해요.

 ## 타자몽 프로그램에서 타자 연습하기

한컴 타자 연습을 한 후 타자몽 프로그램을 실행하고 자리 연습을 해봐요.

'타자몽.exe' 파일을 더블클릭하여 설치한 후 프로그램을 실행하여 자리 연습을 해봐요.

❶ 타자몽 프로그램 실행하고 [타자연습] 클릭하기

❷ [자리연습] 클릭하기

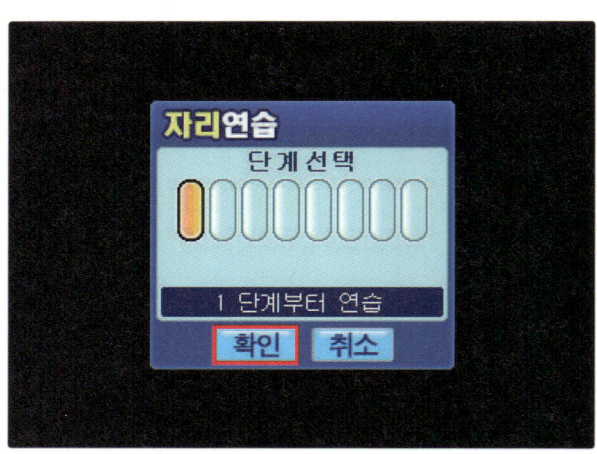

❸ 연습 단계 선택하기

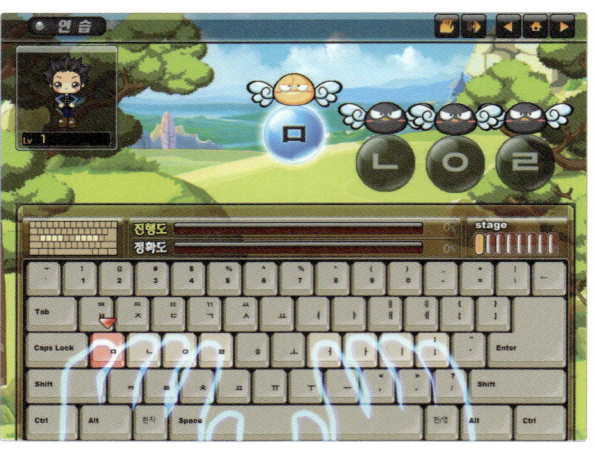

❹ 자리연습 진행하기

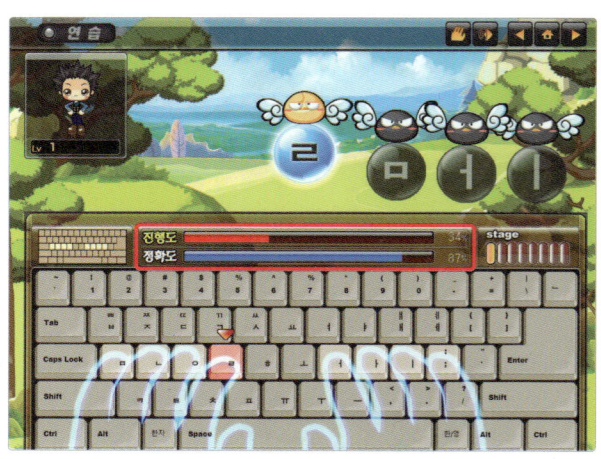

❺ 진행도와 정확도 확인하기

❻ 다음 단계 자리연습 진행하기

미션 01. 달다구리 케이크 토퍼 만들기

도형을 삽입하고 텍스트를 입력하여 케이크를 장식할 토퍼를 완성해 봐요.

01 파워포인트 프로그램( )을 실행한 후 [열기]-[찾아보기]를 클릭해 '02강 예제.pptx' 파일을 불러와요.

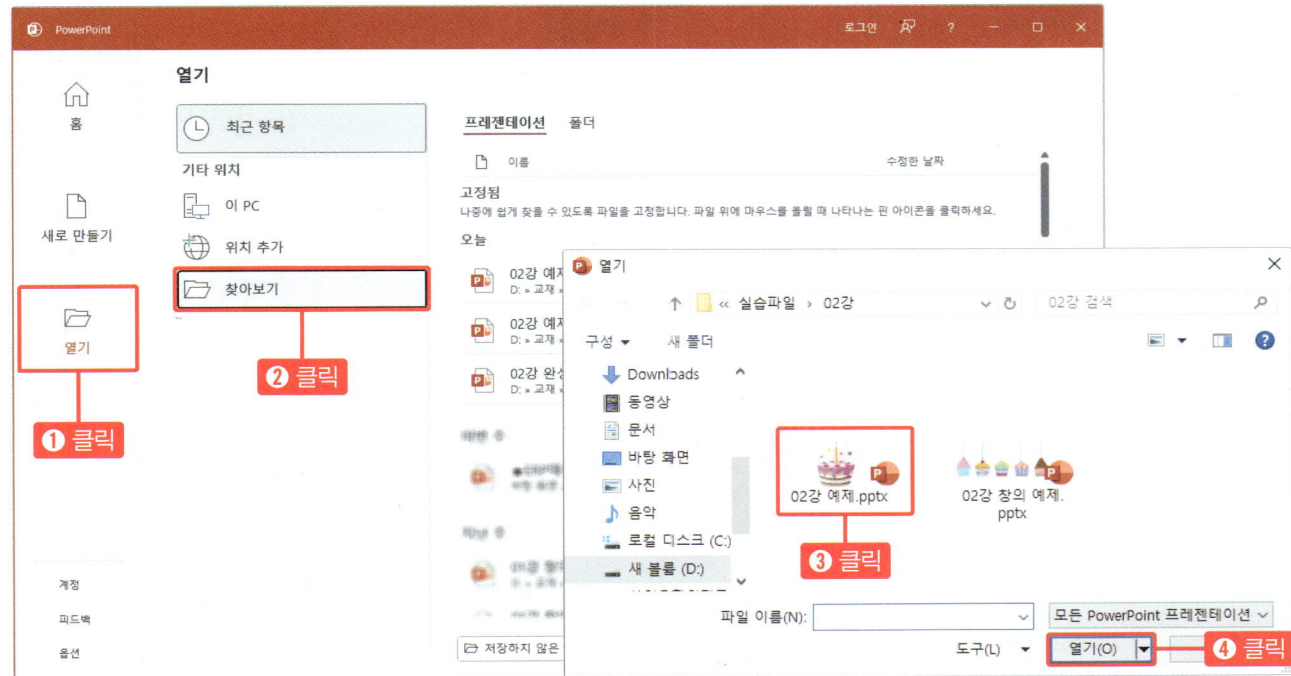

02 [삽입] 탭-[일러스트레이션] 그룹-[도형( )]에서 '하트(♡)' 도형을 선택한 후 마우스를 드래그하여 도형을 삽입해요.

웅이's tip
도형을 선택하고 도형을 삽입할 위치를 클릭해도 도형을 삽입할 수 있어요.

Step 02. 달다구리 케이크 토퍼 **17**

03 삽입된 '하트' 도형을 선택하면 나타나는 '회전 조절점(⟲)'을 드래그하여 도형을 회전시키고 위치를 조절해요.

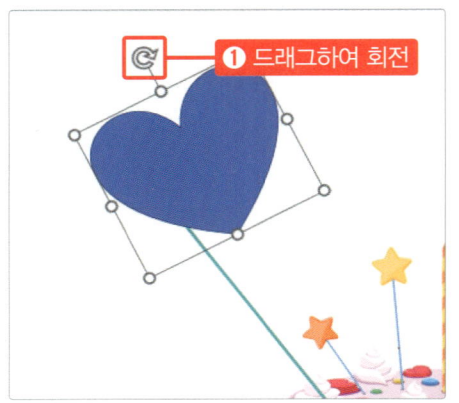
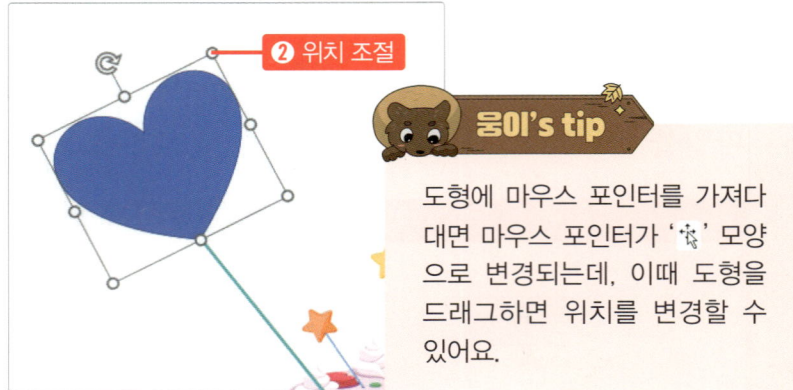

04 [도형 서식] 탭-[도형 스타일] 그룹에서 원하는 도형 스타일을 선택해요.

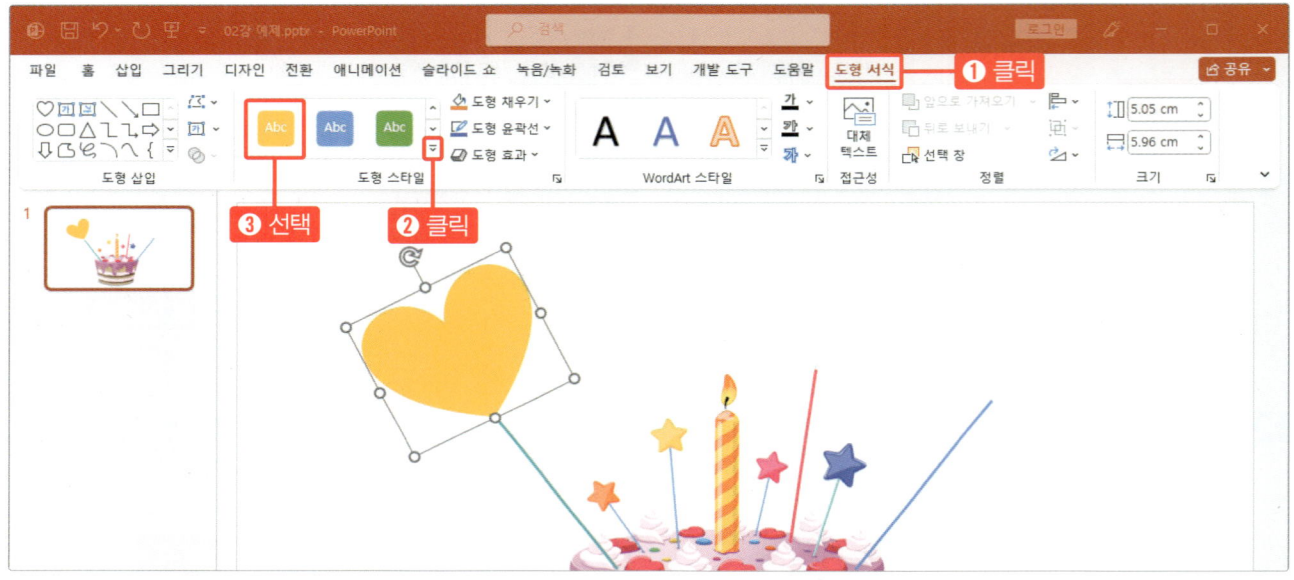

05 다시 '하트' 도형을 선택한 후 토퍼에 들어갈 내용을 적어요.

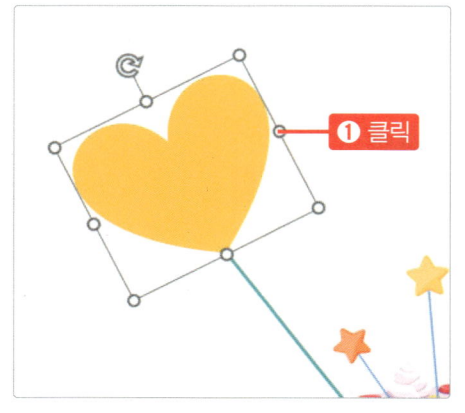
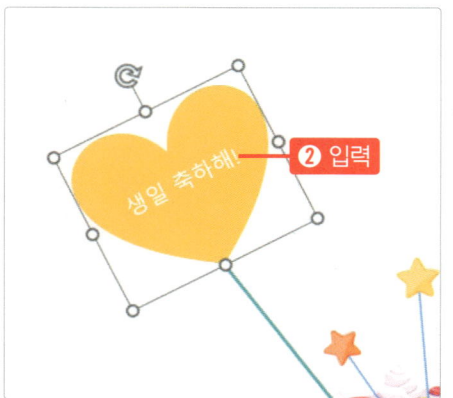

축하 케이크에 꽂을 토퍼에 어떤 내용을 적으면 좋을지 생각해 봐요.

06 글자를 더블클릭하여 영역 지정하고 [홈] 탭-[글꼴] 그룹에서 글자 서식을 지정해요.

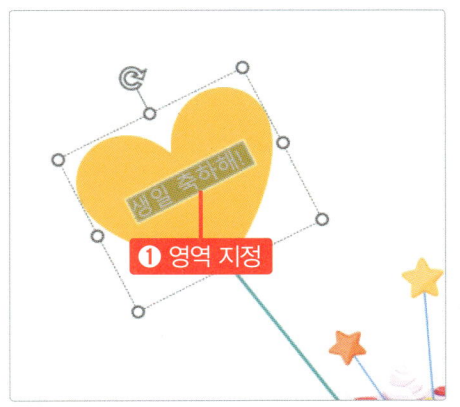 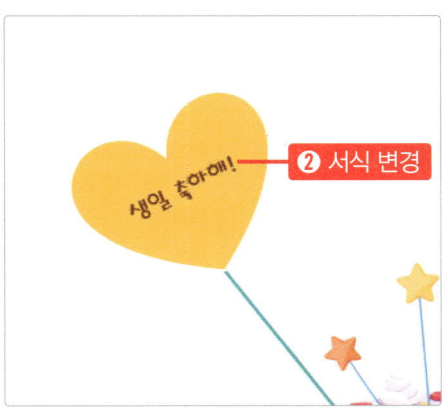

[삽입] 탭-[텍스트] 그룹-[텍스트 상자(가)]를 클릭해 글자를 입력해도 돼요.

07 02~06과 같은 방법으로 원하는 도형을 삽입하고 글자를 입력해 예쁜 케이크 토퍼를 완성해 보세요.

생각 쏙쏙 실력 쏙쏙

▶ 예제 파일 : 02강 폴더   ▶ 완성 파일 : 02강 창의 완성.pptx

1 실습 파일을 불러와 도형을 이용해 컵 케이크 토퍼를 만들어 보세요.

2 도형을 꾸미고 글자를 입력해 컵 케이크 토퍼를 완성해 보세요.

Step 03 스티커 팡팡! 가랜드 만들기

오늘은 무엇을 배울까요?

- 도형을 삽입하고 패턴으로 도형을 채워요.
- 스티커를 삽입해 가랜드를 예쁘게 꾸며요.

1. 온라인 타자 교실 사이트에 접속해요.
2. 고전 속담을 입력하며 타자 연습을 해요.

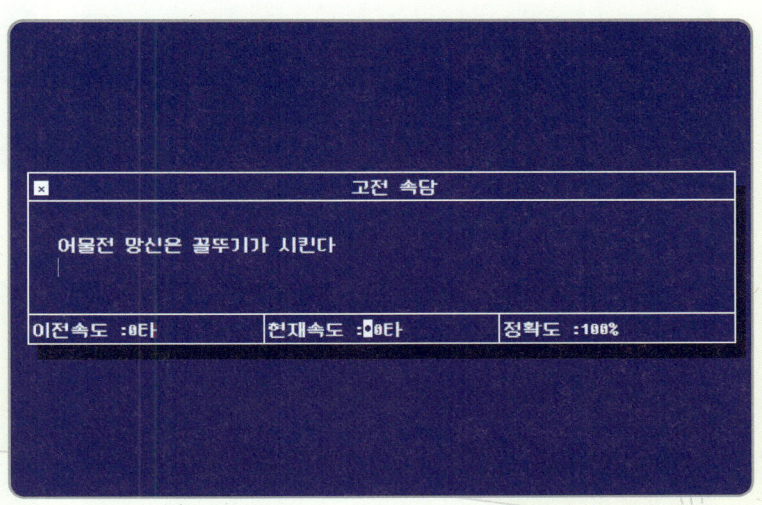

● 예제 파일 : 03강 폴더   ● 완성 파일 : 03강 완성.pptx

1. 도형을 삽입하고 도형의 배경을 패턴으로 채워요.
2. 도형에 스티커 아이콘을 삽입해 귀여운 가랜드를 완성해요.

고전 속담으로 타자 연습하기

한컴 타자 연습을 한 후 온라인 타자 교실 사이트에서 고전 속담 타자 연습을 해봐요.

온라인 타자 교실(https://typing.zidell.me)에 접속하여 고전 속담 타자 연습을 진행해 봐요.

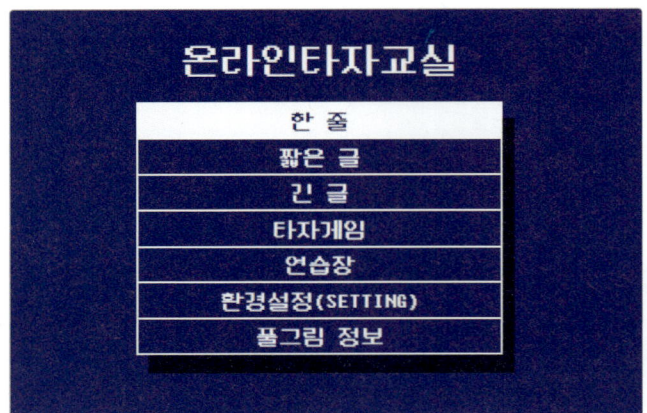

❶ 온라인 타자 교실 사이트 접속하기

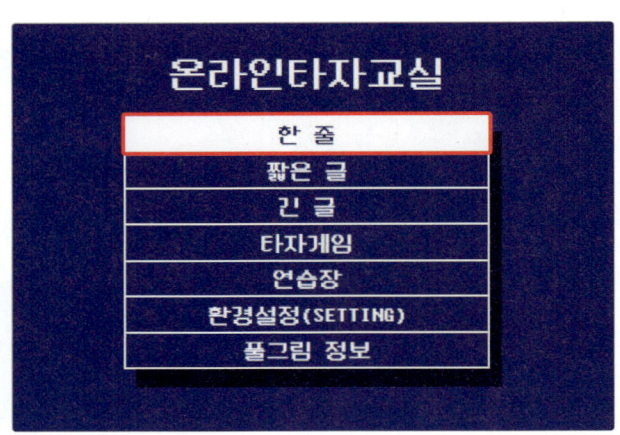

❷ [한 줄] 클릭하기

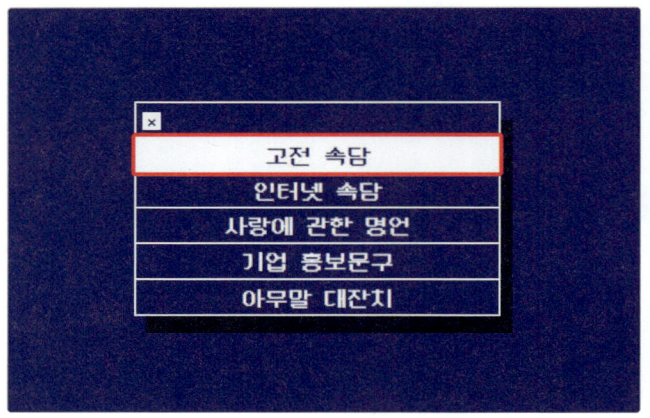

❸ [고전 속담] 클릭하기

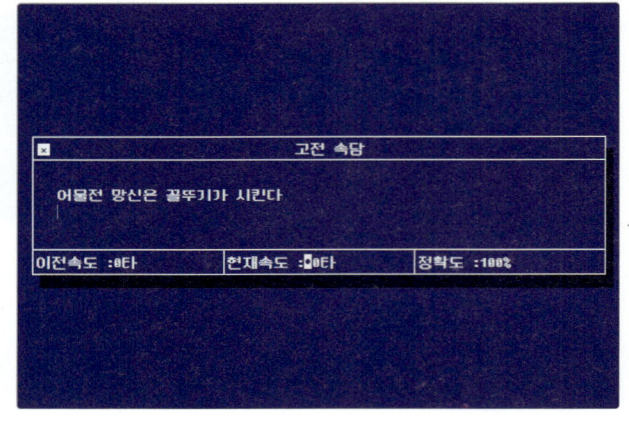

❹ 타자 연습 진행하기

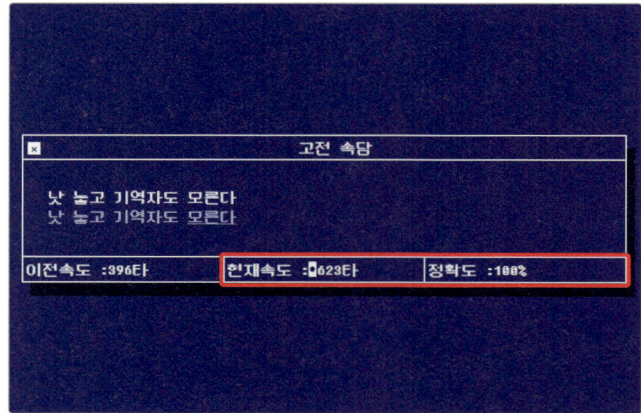

❺ 속도와 정확도 확인하며 타자 연습하기

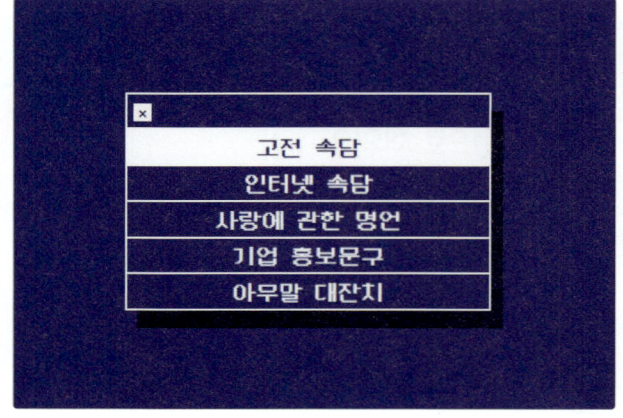

❻ 다른 주제 타자 연습 진행하기

가랜드 배경 만들기

도형을 삽입하고 도형을 패턴으로 채워 가랜드의 배경을 만들어 봐요.

01 파워포인트 프로그램( )을 실행한 후 [열기]-[찾아보기]를 클릭해 '03강 예제.pptx' 파일을 불러와요.

02 [삽입] 탭-[일러스트레이션] 그룹-[도형( )]에서 '이등변 삼각형(△)' 도형을 선택한 후 마우스를 드래그하여 도형을 삽입해요.

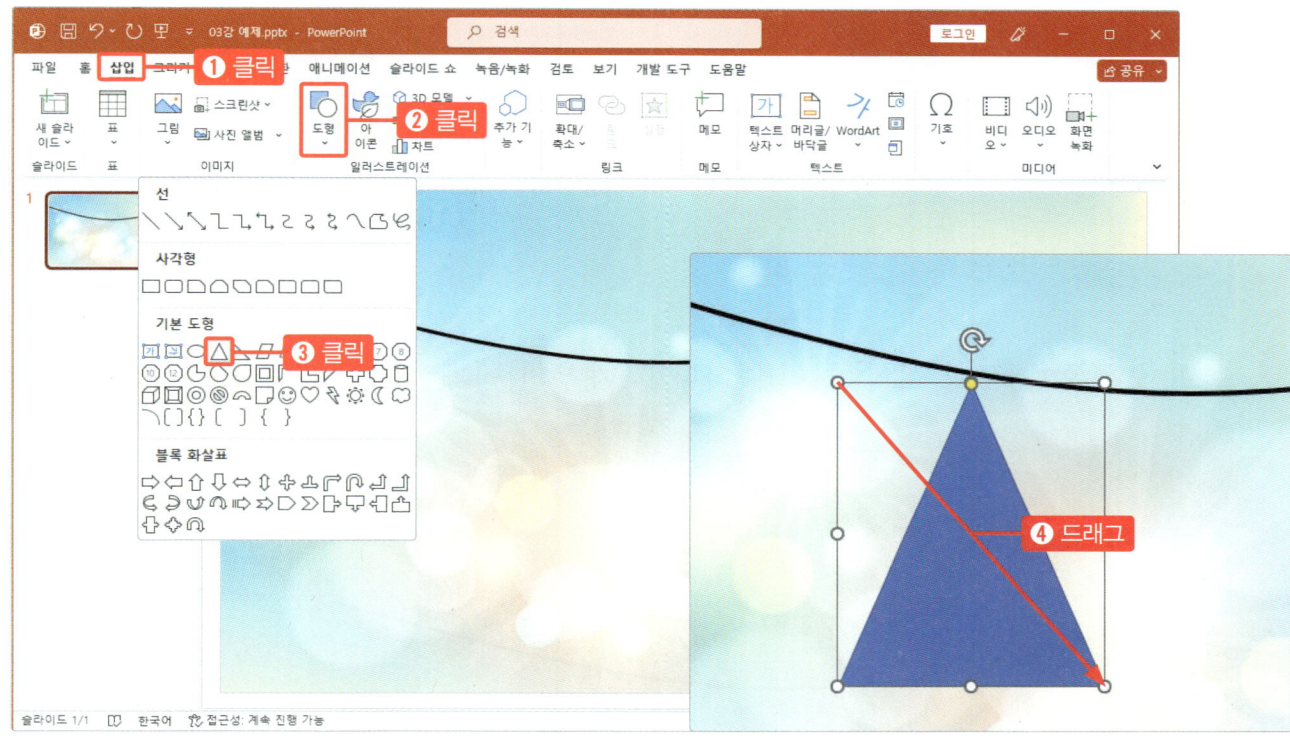

03 '이등변 삼각형' 도형을 선택한 후 '회전 조절점( )'을 드래그하여 도형을 회전시켜요.

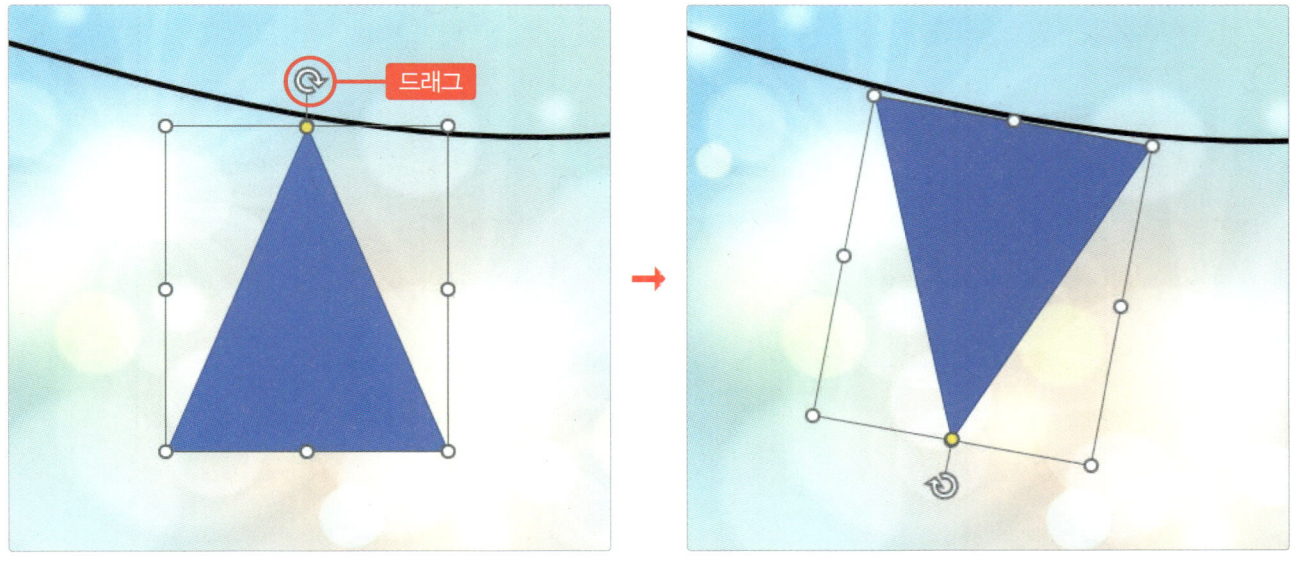

04 '이등변 삼각형' 도형을 마우스 오른쪽 버튼으로 클릭하여 [도형 서식]을 클릭해요.

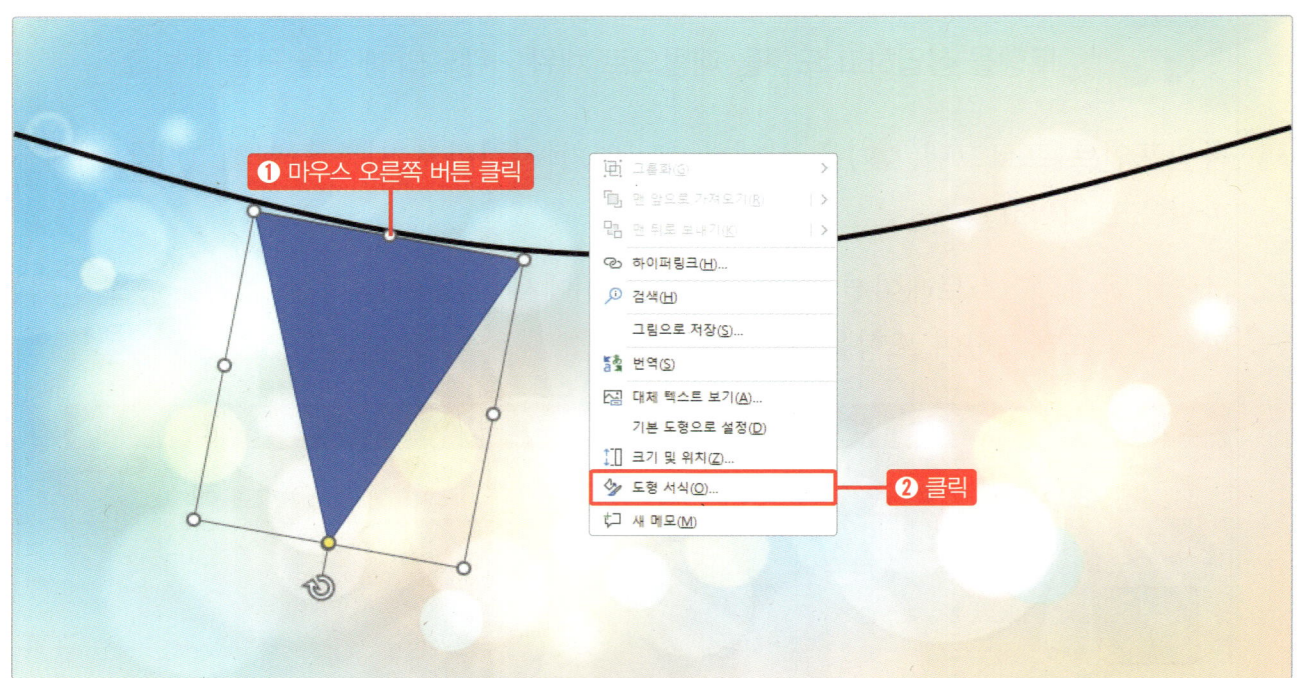

05 화면 오른쪽에 [도형 서식] 창이 나타나면 [채우기]-[패턴 채우기]를 클릭해요.

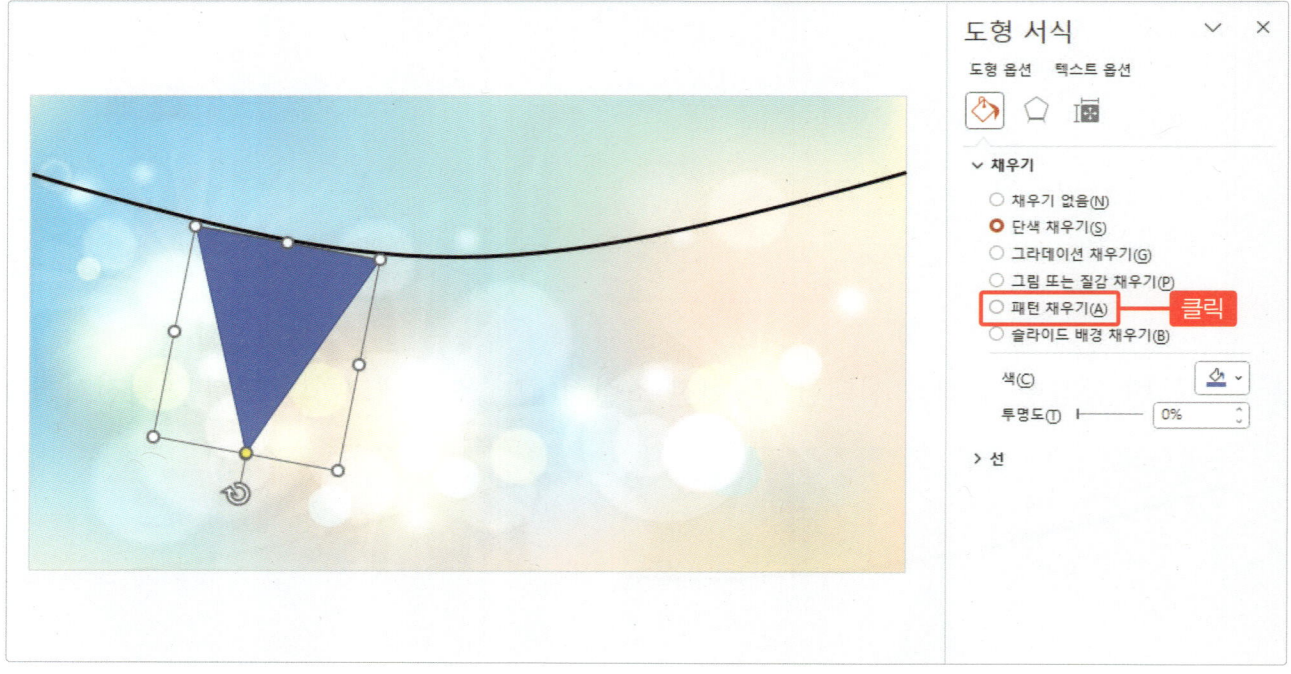

06 [패턴]에서 '점선: 90%'를 선택하고 [전경색]에서 '빨강'을 선택해요.

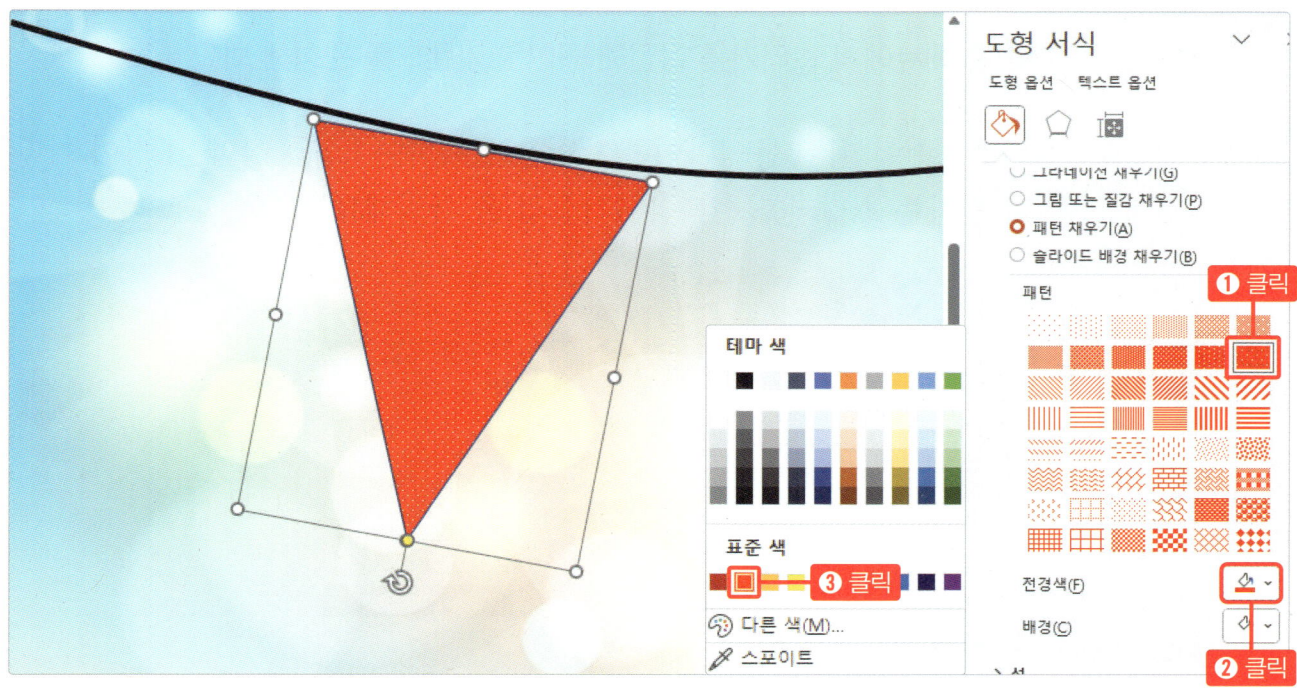

07 이어서 [선]-[실선]을 클릭한 후 색('노랑'), 너비('5 pt'), 대시 종류('파선')를 선택해요.

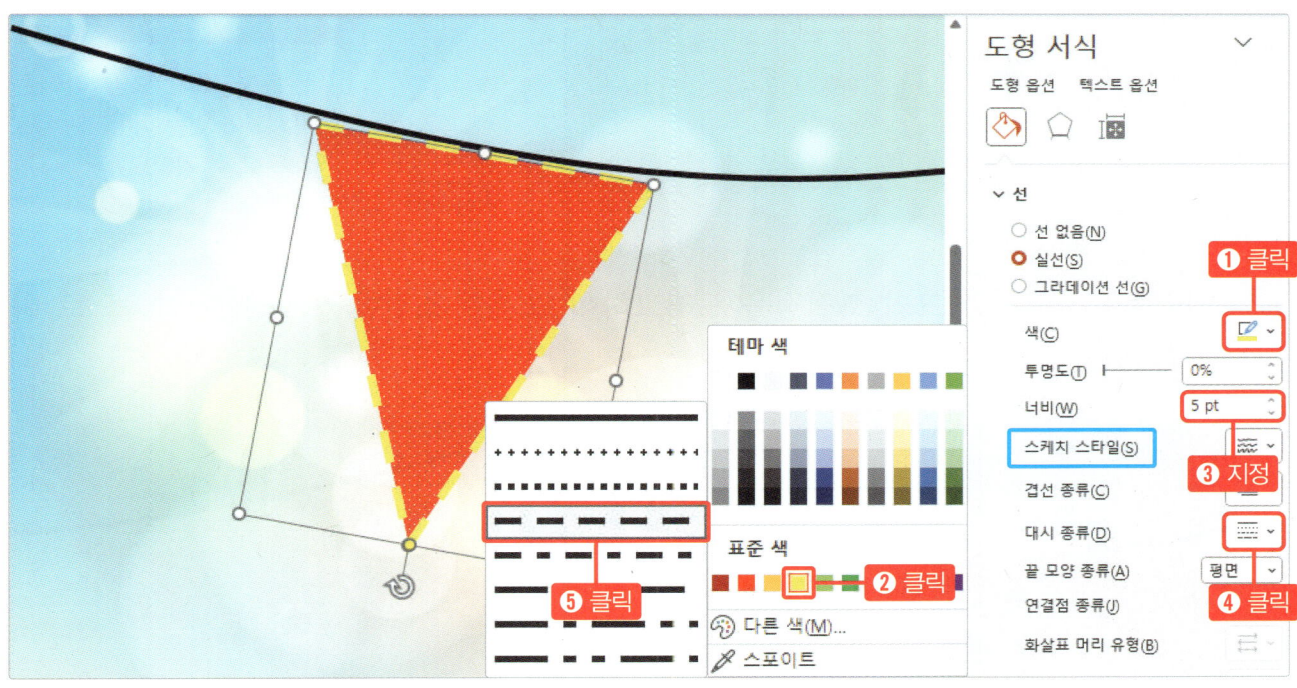

[스케치 스타일] 항목을 이용하면 손으로 선을 그린듯한 느낌을 표현할 수 있어요. 스케치 스타일은 자연스러운 느낌의 가랜드를 만들 때 사용하면 좋아요.

 ## 스티커 아이콘 삽입하여 가랜드 완성하기

아이콘 메뉴에서 스티커를 삽입해 귀여운 가랜드를 완성해 봐요.

01 [삽입] 탭-[일러스트레이션] 그룹-[아이콘( )]을 클릭하여 [스톡 이미지] 창이 나타나면 [스티커] 탭에서 원하는 스티커를 선택한 후 [삽입]을 클릭해요.

웅이's tip

왼쪽에 보석 모양 아이콘이 표시되어 있는 이미지는 무료로 사용할 수 없어요.

02 스티커가 삽입되면 크기 조절점을 드래그하여 크기를 조절한 후 가랜드 안쪽으로 위치를 이동시켜요.

 스티커의 '회전 조절점( )'을 드래그하여 도형에 맞게 회전시켜 보세요.

03 '이등변 삼각형' 도형을 클릭하고 Ctrl 키를 누른 상태로 드래그하여 도형을 복사해요.

04 앞서 배운 내용을 바탕으로 귀여운 가랜드를 완성해 보세요.

생각 쏙쏙 실력 쏙쏙

▶ 예제 파일 : 03강 폴더   ▶ 완성 파일 : 03강 창의 완성.pptx

① 실습 파일을 불러와 도형 서식을 변경해 체육대회 가랜드를 만들어 보세요.

② 스티커 아이콘을 삽입하여 멋진 체육대회 가랜드를 완성해 보세요.

짹짹힌트 [삽입] 탭-[일러스트레이션] 그룹-[아이콘]-[스티커] 탭을 클릭하여 원하는 스티커를 선택해요.

Step 04 훨훨~ 꽃밭을 나는 나비

오늘은 무엇을 배울까요?

- 외부 이미지를 이용해 배경을 꾸며요.
- 복사와 대칭 기능을 이용해 나비의 날개를 만들어요.

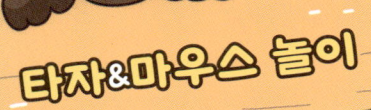

1. 한컴 타자 사이트에 접속해요.
2. 나타나는 낱말을 입력하며 타자 연습을 해요.

● 예제 파일 : 04강 폴더   ● 완성 파일 : 04강 완성.pptx

1. 외부 이미지를 이용해 꽃밭 배경을 만들어요.
2. 도형을 이용해 나비 모양을 만들어요.

 **한컴 타자 사이트에서 낱말 연습하기**

한컴 타자 사이트에 접속해 낱말 연습을 해봐요.

01 한컴 타자 사이트(https://www.hancomtaja.com/ko)에 접속하여 낱말 연습을 해봐요.

❶ 한컴 타자 사이트 접속하기

❷ [타자 연습]-[낱말 연습] 클릭하기

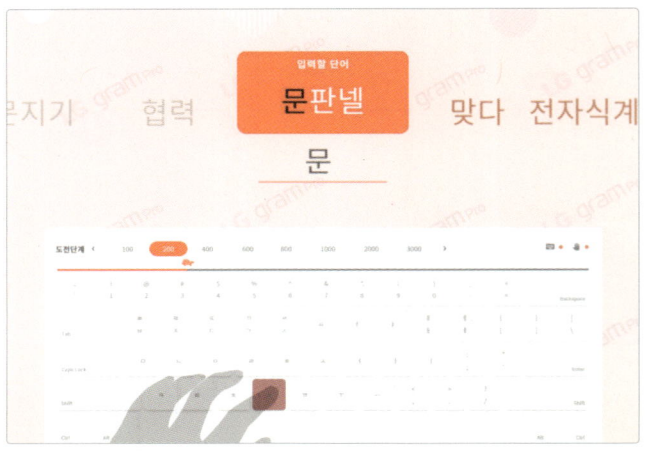

❸ 입력할 단어를 입력하며 낱말 연습하기

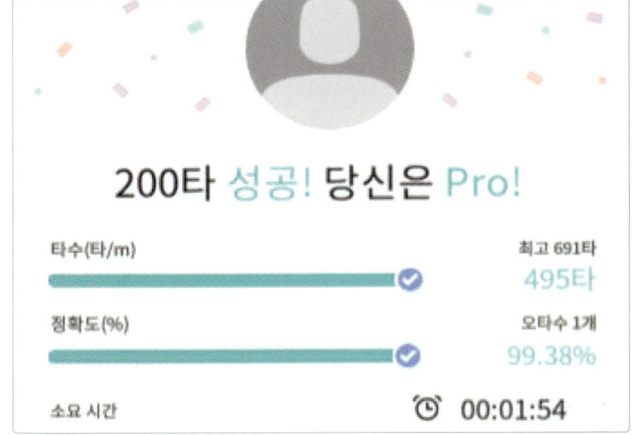

❹ 타자 연습 결과 확인하기

02 타자 연습을 종료한 후 '타수', '정확도', '진행시간'을 기록해 봐요.

1차	타수	정확도	진행시간
	타	%	:

2차	타수	정확도	진행시간
	타	%	:

3차	타수	정확도	진행시간
	타	%	:

4차	타수	정확도	진행시간
	타	%	:

미션 01 꽃밭을 날아다니는 나비 만들기

외부 이미지를 불러와 배경을 꾸미고 도형을 이용해 나비를 만들어 봐요.

01 파워포인트 프로그램( )을 실행하고 [홈]-[새 프레젠테이션]을 클릭한 후 [슬라이드] 그룹-[레이아웃( )]-[빈 화면]을 클릭해요.

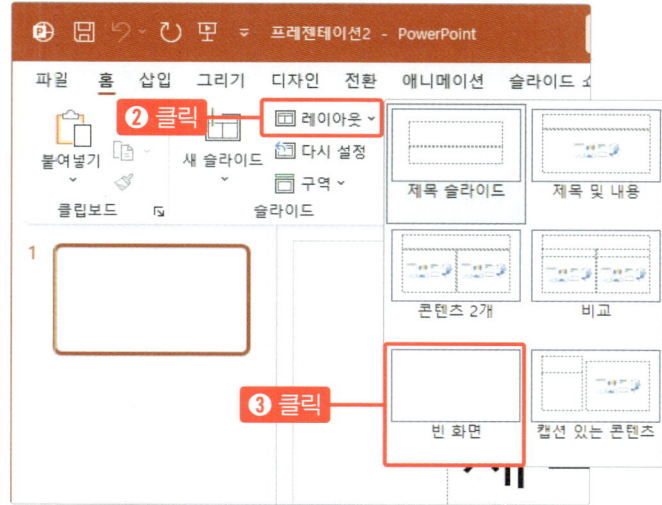

02 슬라이드 화면에서 마우스 오른쪽 버튼을 클릭하여 바로가기 메뉴가 나타나면 [배경 서식]을 클릭해요.

03 [배경 서식] 창이 나타나면 [채우기]-[그림 또는 질감 채우기]-[삽입]을 클릭해요.

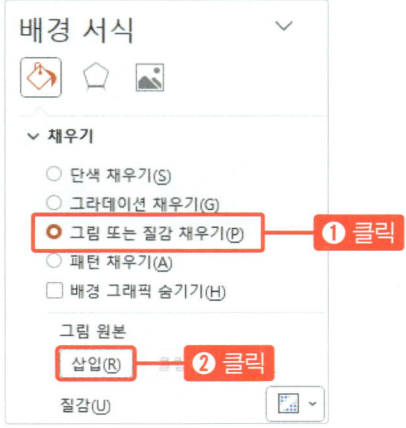

Step 04. 월월~ 꽃밭을 나는 나비 **31**

04 [그림 삽입] 창이 나타나면 [파일에서]를 클릭하고 '04강 예제.jpg' 파일을 선택한 후 [삽입]을 클릭해요.

05 배경이 변경되면 [삽입] 탭-[일러스트레이션] 그룹-[도형()]에서 '하트(♡)' 도형을 선택하여 삽입하고 Ctrl 키를 누른 상태로 드래그하여 도형을 복사해요.

Ctrl + C 키를 눌러 도형을 복사하고 Ctrl + V 키를 눌러 복사한 도형을 붙여넣어 작업할 수도 있어요.

06 복제한 '하트' 도형을 선택하고 [도형 서식] 탭-[정렬] 그룹-[회전( )]-[상하 대칭]을 클릭해요.

> 웅이's tip
> 도형의 '회전 조절점( )'을 드래그하여 회전시켜도 돼요.

07 이어서 '타원( )' 도형을 이용하여 나비의 몸통과 눈을 만들어 보세요.

08 색상을 변경할 도형을 선택하고 [도형 서식] 탭-[도형 스타일] 그룹에서 채우기 색과 윤곽선 색을 변경해요.

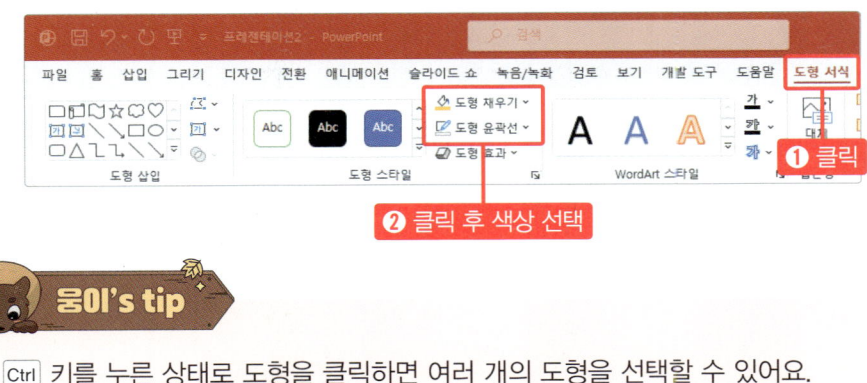

> 웅이's tip
> Ctrl 키를 누른 상태로 도형을 클릭하면 여러 개의 도형을 선택할 수 있어요.

생각 쏙쏙 실력 쏙쏙

▶ 예제 파일 : 04강 폴더   ▶ 완성 파일 : 04강 창의 완성.pptx

1 새로운 프레젠테이션을 열고 실습 파일을 이용해 슬라이드 배경을 변경해 보세요.

2 도형을 이용해 개미를 그리고 도형 스타일을 적용해 개미를 꾸며 보세요.

짹짹힌트 '타원' 도형과 '달' 도형을 이용해 보세요.

Step 05 찰칵! 동물 포토카드 만들기

오늘은 무엇을 배울까요?
- 도형 배경을 그라데이션으로 꾸며요.
- 이미지를 삽입하고 그림 스타일을 적용해요.

타자&마우스 놀이

1. 온라인 타자 교실 사이트에 접속해 날아라 전투기 게임을 진행해요.
2. 전투기로 다가오는 단어를 입력해 물리치며 타자 연습을 해요.

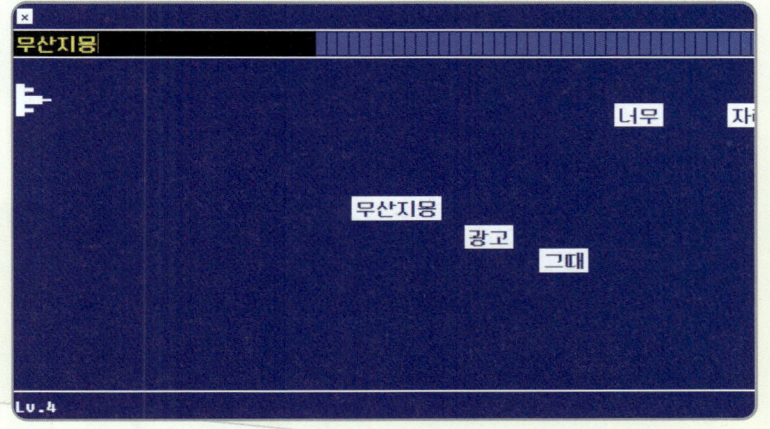

파포 창작 놀이

● 예제 파일 : 05강 폴더　● 완성 파일 : 05강 완성.pptx

1. 도형과 이미지를 삽입해 포토카드를 만들어요.
2. 글자를 삽입하고 변환 효과를 적용해 포토카드를 완성해요.

날아라 전투기 타자 연습하기

한컴 타자 연습을 한 후 온라인 타자 교실 사이트에서 날아라 전투기 게임을 해봐요.

온라인 타자 교실(https://typing.zidell.me)에 접속하여 날아라 전투기 타자 연습을 진행해 봐요.

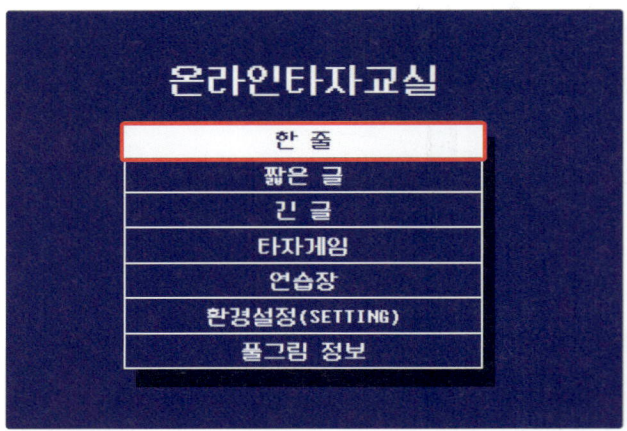

❶ 온라인 타자 교실 사이트 접속하기

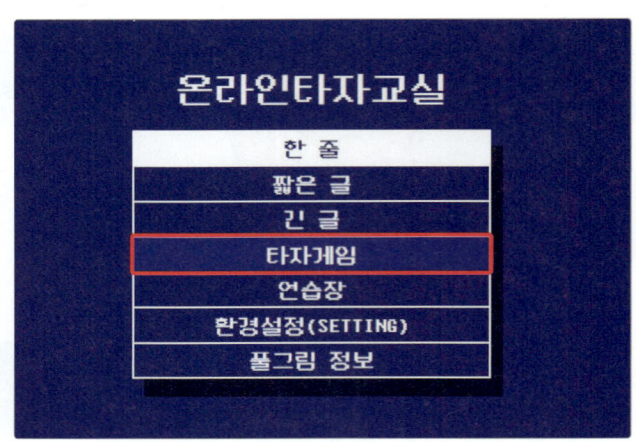

❷ [타자게임] 클릭하기

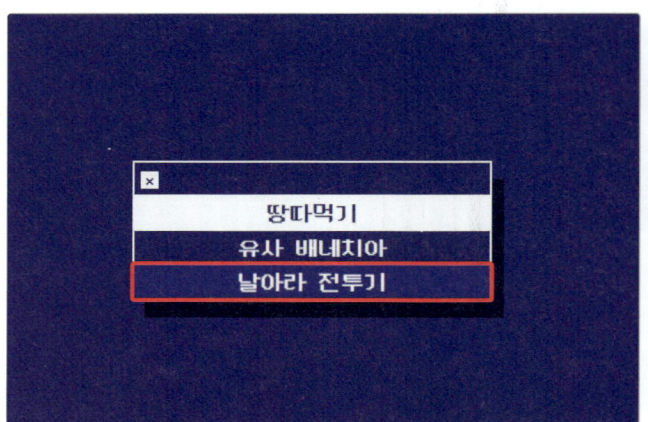

❸ [날아라 전투기] 클릭하기

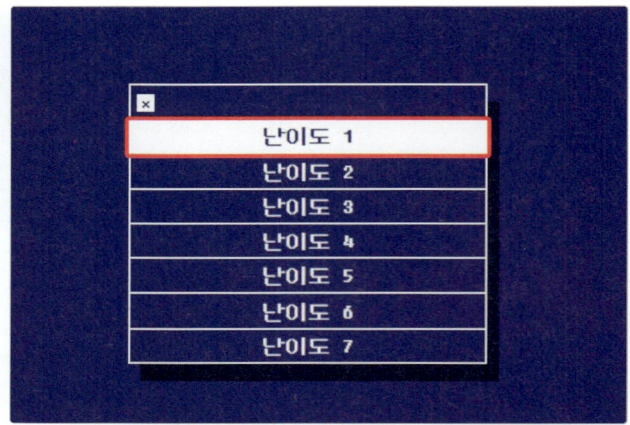

❹ 게임 난이도 선택하기

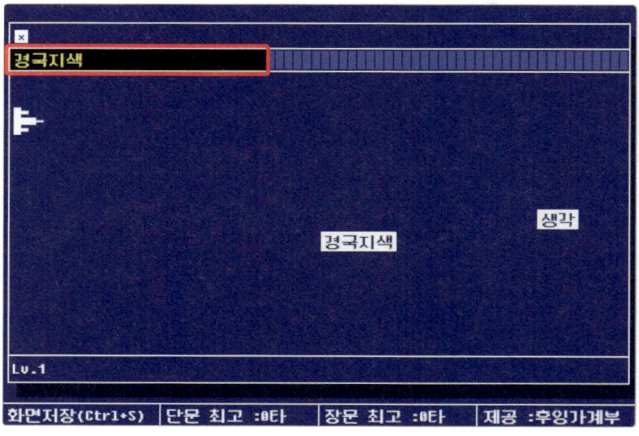

❺ 날아오는 단어 입력하며 게임 진행하기

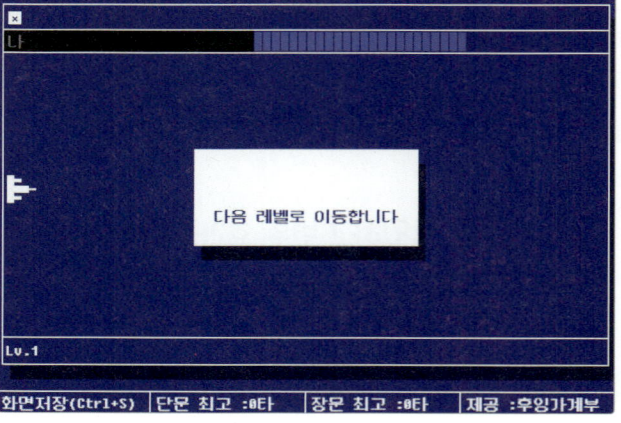

❻ 다음 레벨로 이동하여 타자 연습 진행하기

귀여운 동물 캐릭터 포토카드 만들기

도형 배경을 그라데이션으로 꾸미고 이미지를 삽입하여 포토카드를 만들어 봐요.

01 파워포인트 프로그램(P)을 실행한 후 [열기]-[찾아보기]를 클릭해 '05강 예제.pptx' 파일을 불러와요.

02 [삽입] 탭-[일러스트레이션] 그룹-[도형]에서 '사각형: 둥근 모서리(▢)' 도형을 삽입하고 도형을 마우스 오른쪽 버튼으로 클릭한 후 [도형 서식]을 클릭해요.

03 [도형 서식] 창이 나타나면 [채우기]-[그라데이션 채우기]를 클릭한 후 [그라데이션 미리 설정]에서 [밝은 그라데이션 - 강조 1]을 클릭해요.

Step 05. 찰칵! 동물 포토카드 만들기 37

04 포토카드의 윤곽선을 만들기 위해 [선]-[실선]을 클릭한 후 [색]에서 색상을 선택하고 [너비]에서 윤곽선 두께를 지정해요.

05 [삽입] 탭-[이미지] 그룹-[그림( )]-[이 디바이스]를 클릭하여 [그림 삽입] 대화상자가 나타나면 원하는 동물 이미지를 선택하고 [삽입]을 클릭해요.

이미지가 삽입되면 동물 캐릭터가 포토카드 안쪽에 위치하도록 크기와 위치를 조절해요.

06 [그림 서식] 탭-[그림 스타일] 그룹에서 '사각형 가운데 그림자'를 선택해요.

07 [삽입] 탭-[텍스트] 그룹-[텍스트 상자(가)]를 클릭하여 포토카드에 "호랑둥이"를 입력하고 글자 서식을 지정해요.

'호호왕자', '호식이' 등등 동물 캐릭터에 어울리는 이름을 직접 지어 보세요.

08 [도형 서식] 탭-[WordArt 스타일] 그룹-[텍스트 효과]-[변환]-[위로 구부리기]를 클릭해요.

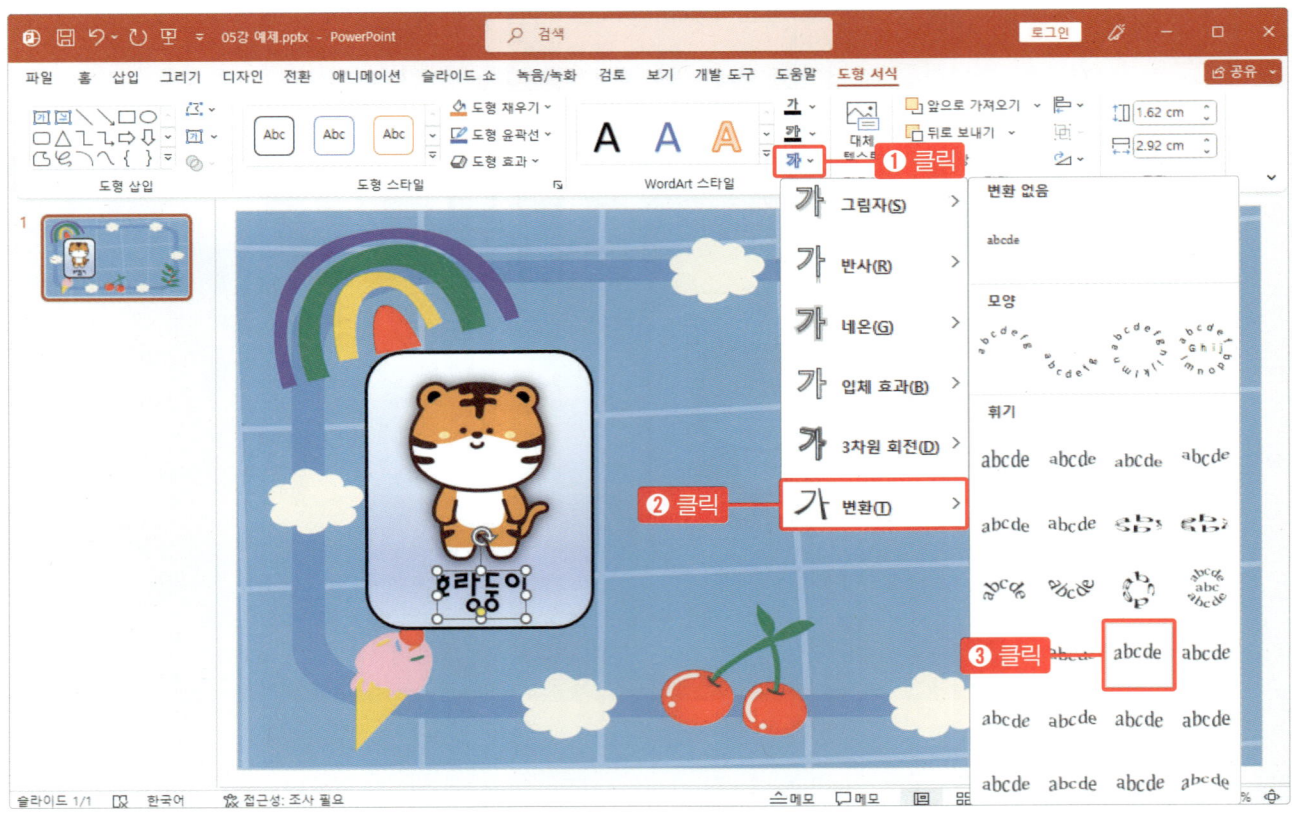

09 02~08과 같은 방법으로 귀여운 동물 캐릭터 포토카드를 완성해 보세요.

[그림 서식] 탭-[조정] 그룹-[그림 바꾸기] 기능을 이용하면 삽입된 그림을 다른 그림으로 쉽게 변경할 수 있어요.

생각 쏙쏙 실력 쏙쏙

▶ 예제 파일 : 05강 폴더   ▶ 완성 파일 : 05강 창의 완성.pptx

1 실습 파일을 불러와 도형을 삽입하고 배경을 꾸며 포토액자를 만들어 보세요.

짹짹힌트 [도형 서식] 창에서 [채우기]-[그라데이션 채우기]를 이용해 보세요.

2 이미지를 삽입하고 그림 스타일을 적용하여 풍경이 담긴 포토액자를 완성해 보세요.

Step 05. 찰칵! 동물 포토카드 만들기

Step 06 몬스터 띠부띠부씰 만들기

오늘은 무엇을 배울까요?
- 표를 삽입하고 표 스타일을 변경해요.
- 셀에 이미지를 삽입해 띠부띠부씰을 만들어요.

1. 포에버 사이트에 접속해요.
2. 다양한 종류의 게임을 진행하며 마우스 연습을 해요.

● 예제 파일 : 06강 폴더　　● 완성 파일 : 06강 완성.pptx

1. 표를 삽입하고 스타일을 적용해 띠부띠부씰 판을 만들어요.
2. 셀을 이미지로 채워 몬스터 띠부띠부씰을 완성해요.

 **재미있게 마우스 연습하기**

한컴 타자 연습을 한 후 포에버 사이트에 접속해 다양한 방법으로 마우스 활용 연습을 해봐요.

포에버 사이트(http://www.forever.or.kr)에 접속하여 다양한 방법으로 마우스 연습을 진행해 봐요.

❶ [숫자 드래그] 클릭하기

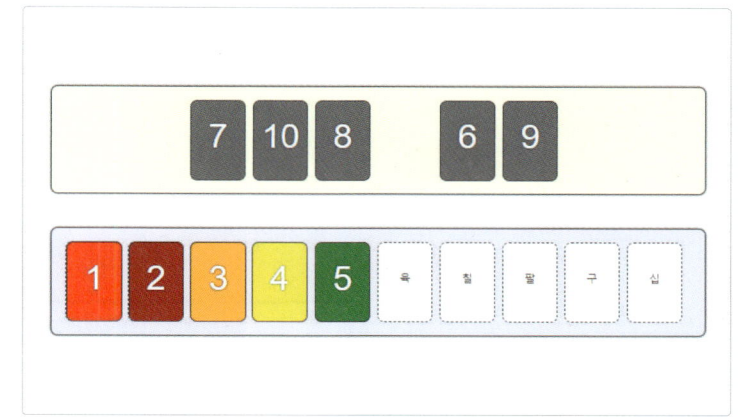

❷ [연습 시작] 클릭해 숫자 드래그하며 마우스 연습하기

❸ [공 피하기] 클릭하기

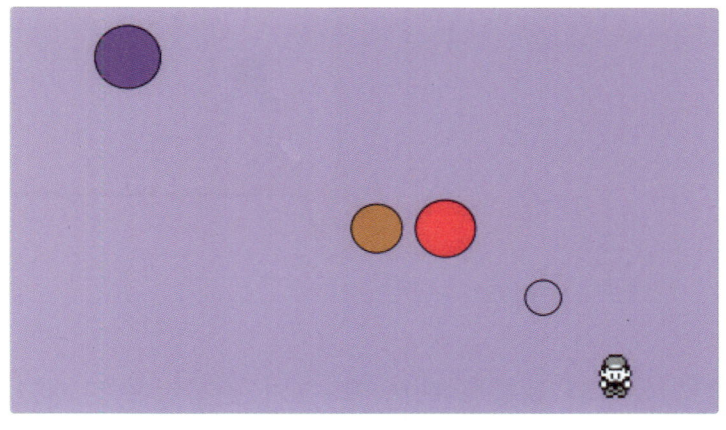

❹ 마우스로 캐릭터 움직여 공 피하기 게임하기

❺ [새 날리기 연습] 클릭하기

❻ 마우스를 클릭하며 새 날리기 게임하기

Step 06. 몬스터 띠부띠부씰 만들기

미션 01 내가 좋아하는 몬스터로 띠부띠부씰 만들기

표를 삽입하고 셀 배경을 이미지로 채워 몬스터 띠부띠부씰을 만들어 봐요.

01 파워포인트 프로그램( )을 실행한 후 [열기]-[찾아보기]를 클릭해 '06강 예제.pptx' 파일을 불러와요.

02 [삽입] 탭-[표] 그룹-[표( )]를 클릭한 후 '3×3' 표를 삽입해요.

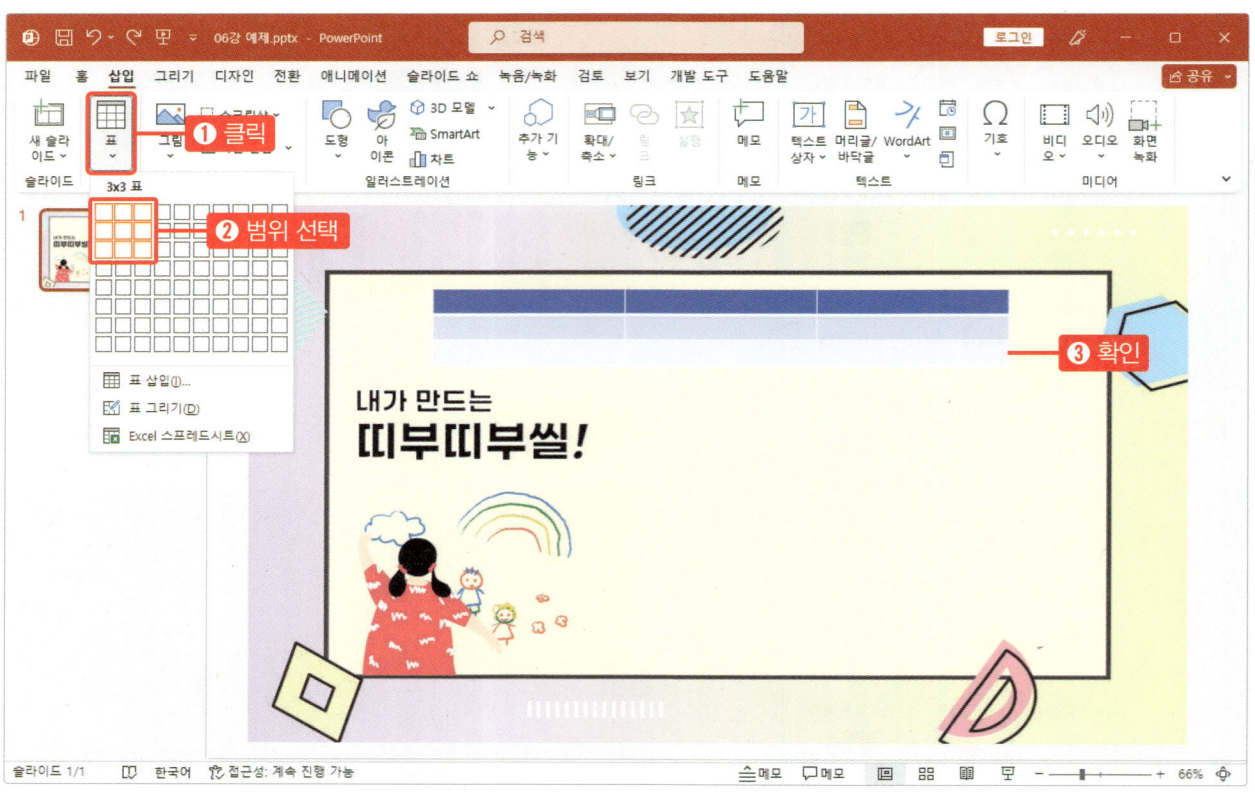

03 삽입된 표를 선택한 후 크기 조절점을 드래그하여 크기를 변경하고 위치를 조절해요.

04 [테이블 디자인] 탭-[표 스타일] 그룹-[스타일 없음, 표 눈금]을 클릭하여 그림과 같이 표의 모양을 변경해요.

묭이's tip
표의 셀 배경을 이미지로 채워 띠부띠부씰을 만들기 위해 표 스타일을 '스타일 없음'으로 지정해 표의 배경색을 없애요.

05 이미지를 삽입할 셀을 클릭하고 [테이블 디자인] 탭-[표 스타일] 그룹-[음영]-[그림]을 클릭한 후 [그림 삽입] 창이 나타나면 [파일에서]를 클릭하여 '몬스터1.jpg' 파일을 불러와요.

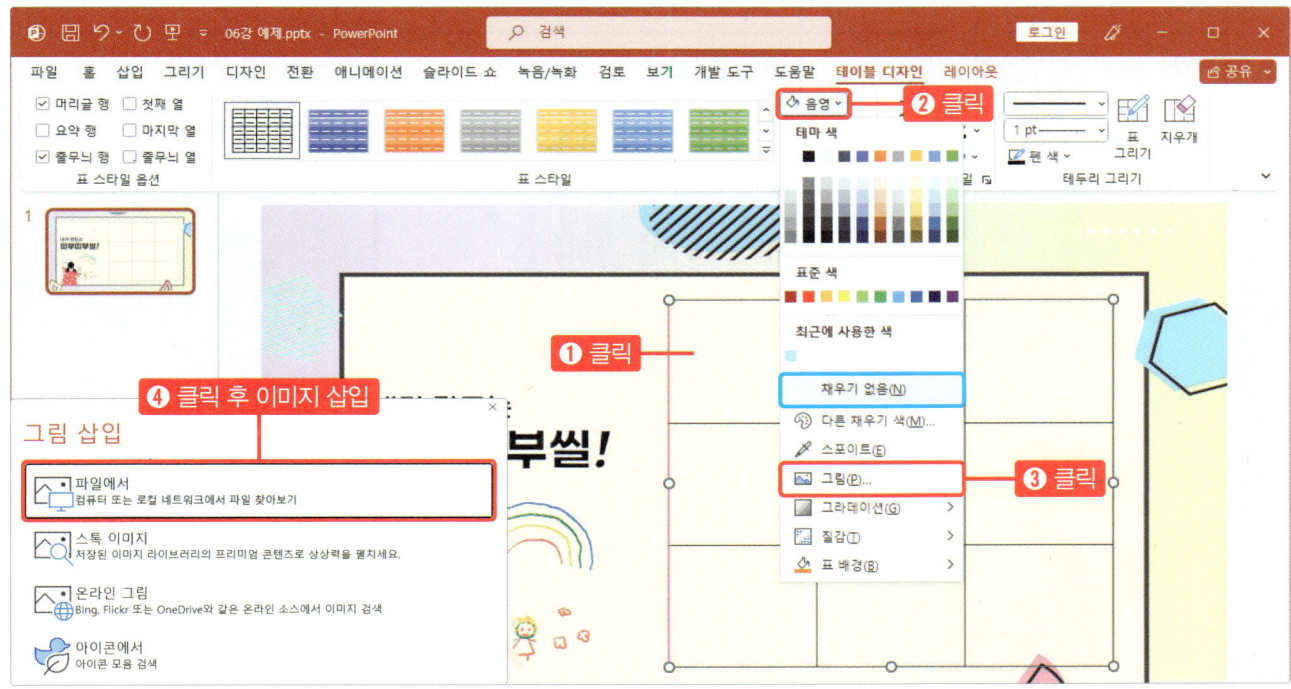

묭이's tip
셀에 이미지를 잘못 삽입했을 때는 [음영]-[채우기 없음]을 클릭한 후 다시 이미지를 삽입해요.

06 [삽입] 탭-[텍스트] 그룹-[텍스트 상자(가)]를 클릭해 그림 위쪽에 "01 오렌지 몬스터"를 입력한 후 글자 서식을 지정해요.

07 05~06과 같은 방법으로 몬스터 띠부띠부씰을 완성해 보세요.

생각 쏙쏙 실력 쏙쏙

▶ 예제 파일 : 06강 폴더   ▶ 완성 파일 : 06강 창의 완성.pptx

1 실습 파일을 불러와 '4×2' 표를 삽입하고 표 스타일과 크기를 변경해 보세요.

2 셀 배경에 이미지를 삽입하여 토끼 딱지도감을 완성해 보세요.

Step 06. 몬스터 띠부띠부씰 만들기

Step 07 참 잘했어요 칭찬 스탬프

오늘은 무엇을 배울까요?

- 글자의 모양을 변경하고 특수문자를 입력해요.
- 색이 있는 이미지를 흑백 이미지로 만들어요.

1. 공룡 타자 연습 사이트에서 좀비 타자 게임을 실행해요.
2. 좀비 머리 위에 나타난 단어를 입력하며 타자 연습을 해요.

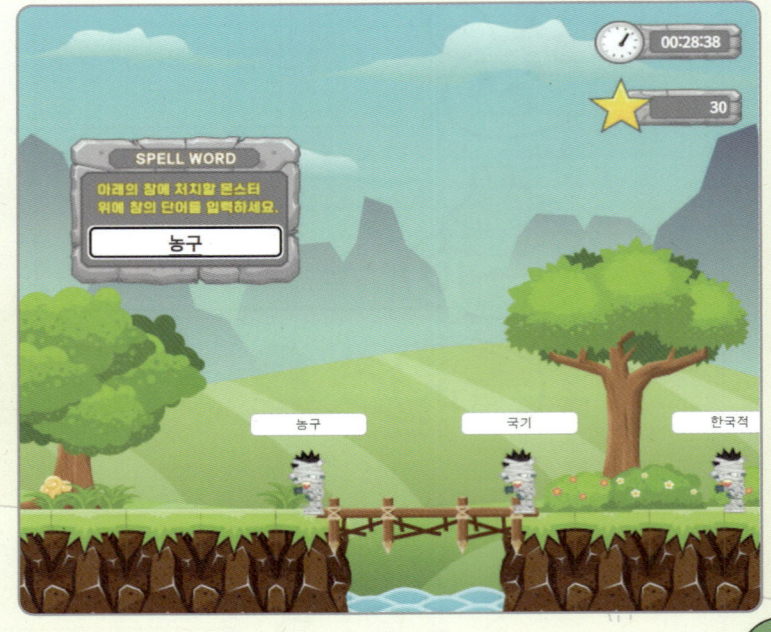

- 예제 파일 : 07강 폴더
- 완성 파일 : 07강 완성.pptx

1. 글자를 입력하고 변환 효과를 적용해요.
2. 특수문자를 삽입해 칭찬 스탬프를 완성해요.

 **공룡 타자 연습 사이트에서 좀비 타자 게임하기**

한컴 타자 연습을 한 후 공룡 타자 연습 사이트에서 좀비 타자 게임을 해봐요.

01 공룡 타자 연습(https://dino-typing.com)에 접속하여 좀비 타자 게임을 진행해요.

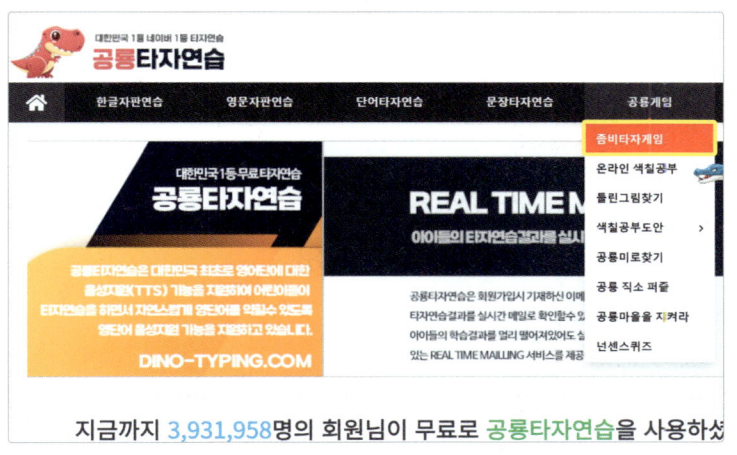

❶ [공룡게임]-[좀비타자게임] 클릭하기

❷ [한글게임] 클릭하기

❸ 레벨 선택하기

❹ 좀비 머리 위의 단어를 입력해 좀비 물리치기

02 게임 결과가 나타나면 '생명력', '몸처치', '스코어'를 기록해 봐요.

1차	생명력	몸처치	스코어

2차	생명력	몸처치	스코어

3차	생명력	몸처치	스코어

4차	생명력	몸처치	스코어

미션 01 도형 이용해 칭찬 스탬프 틀 만들기

도형을 삽입하고 도형 스타일을 이용하여 칭찬 스탬프의 틀을 만들어 봐요.

01 파워포인트 프로그램( )을 실행한 후 [열기]-[찾아보기]를 클릭해 '07강 예제.pptx' 파일을 불러와요.

02 [삽입] 탭-[일러스트레이션] 그룹-[도형( )]에서 '타원( )' 도형을 삽입해요.

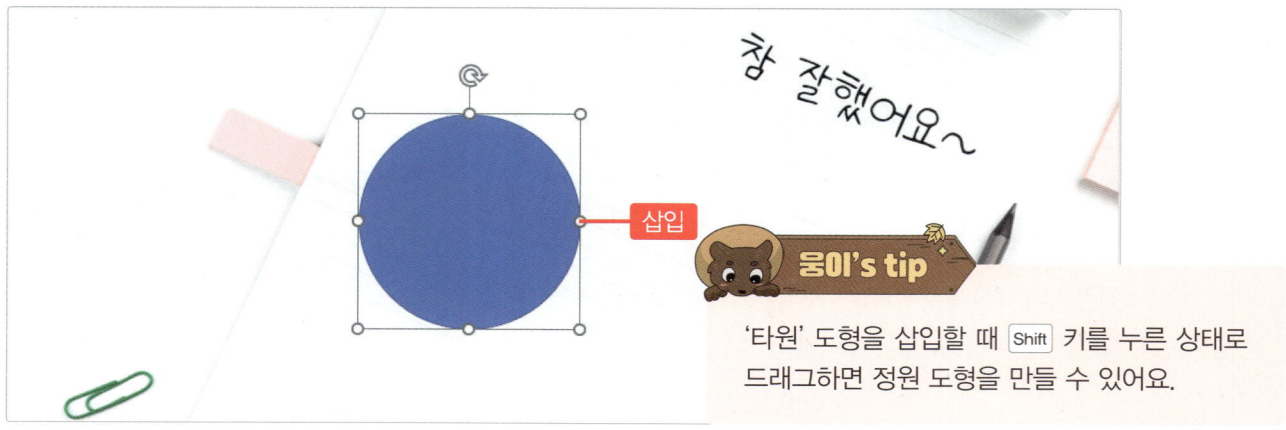

웅이's tip
'타원' 도형을 삽입할 때 Shift 키를 누른 상태로 드래그하면 정원 도형을 만들 수 있어요.

03 삽입된 '타원' 도형을 선택한 후 [도형 서식] 탭-[도형 스타일] 그룹-[도형 채우기]-[채우기 없음]을 클릭하고 [도형 윤곽선]에서 윤곽선 색('검정')과 윤곽선 두께('6pt')를 지정해요.

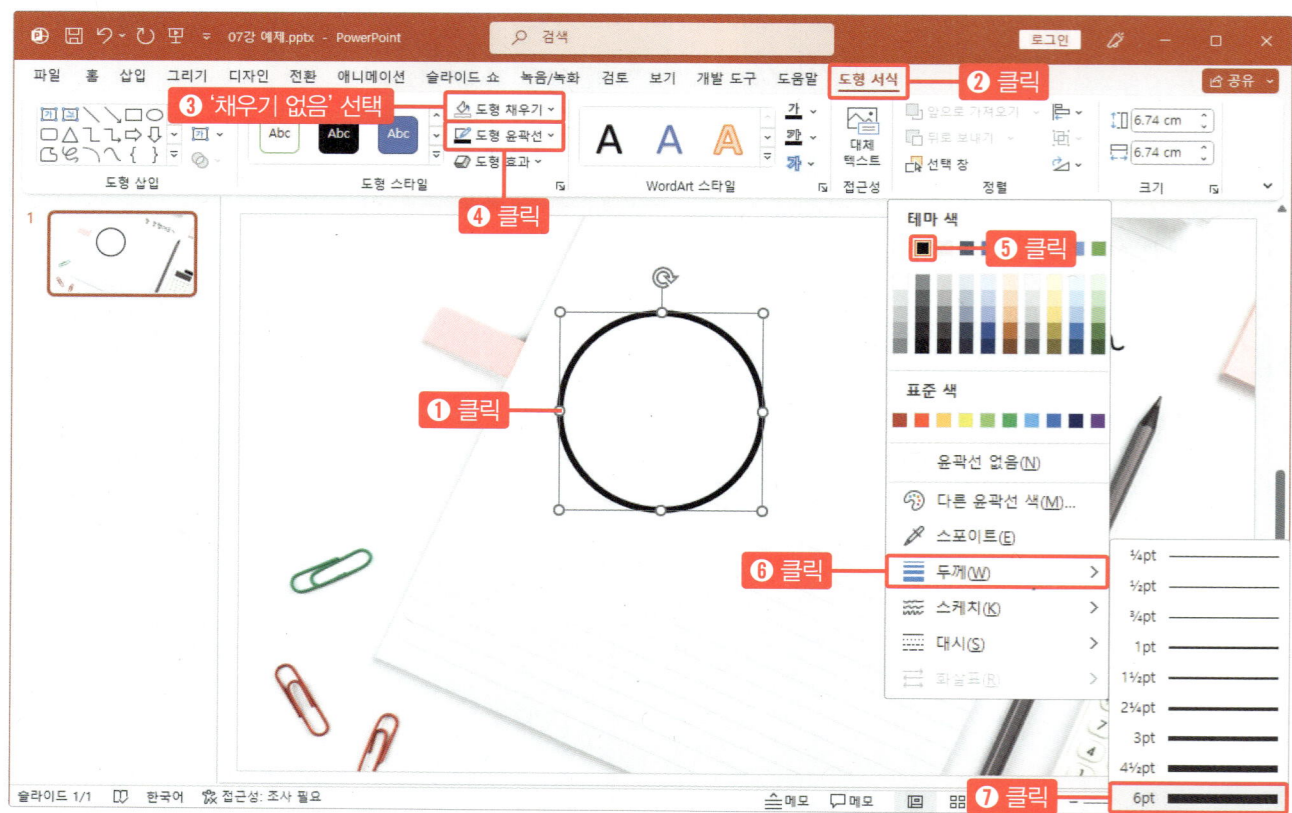

미션 02 스탬프 내용 입력하고 이미지 삽입하기

특수문자와 칭찬 내용을 입력하고 이미지를 삽입해 칭찬 스탬프를 완성해 봐요.

01 '타원' 도형 안쪽에 글자를 입력하기 위해 도형을 선택하고 글자 색을 '검정'으로 선택한 후 "참 잘했어요!"를 입력해요.

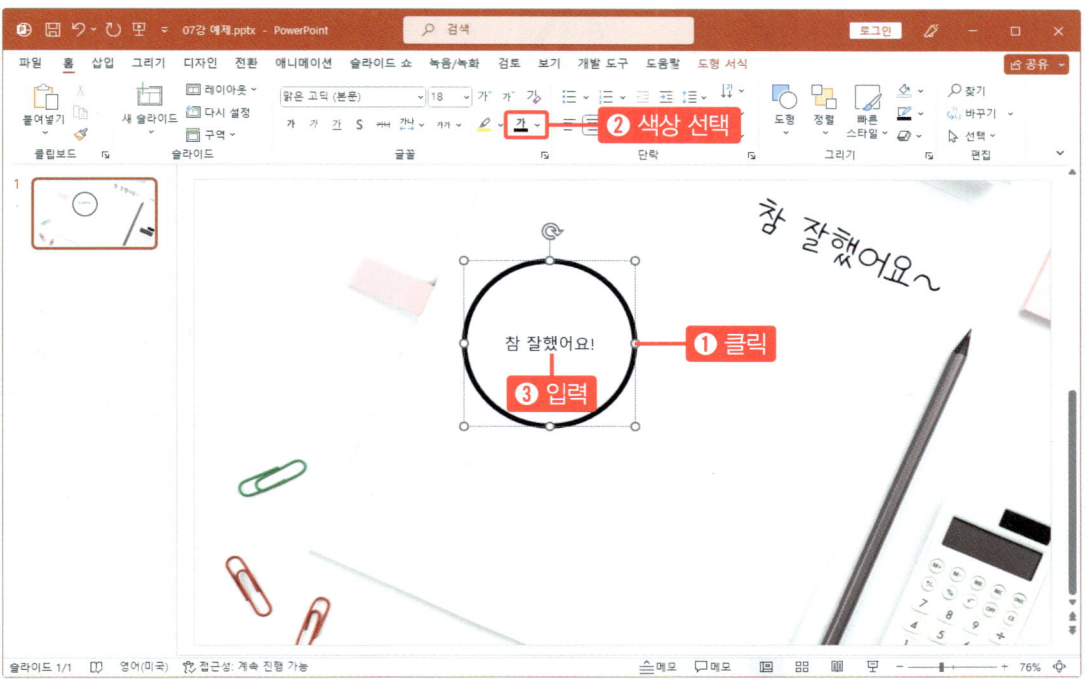

02 글자 모양을 변경하기 위해 [도형 서식] 탭-[WordArt 스타일] 그룹-[텍스트 효과]-[변환]-[둥글게]를 클릭해요.

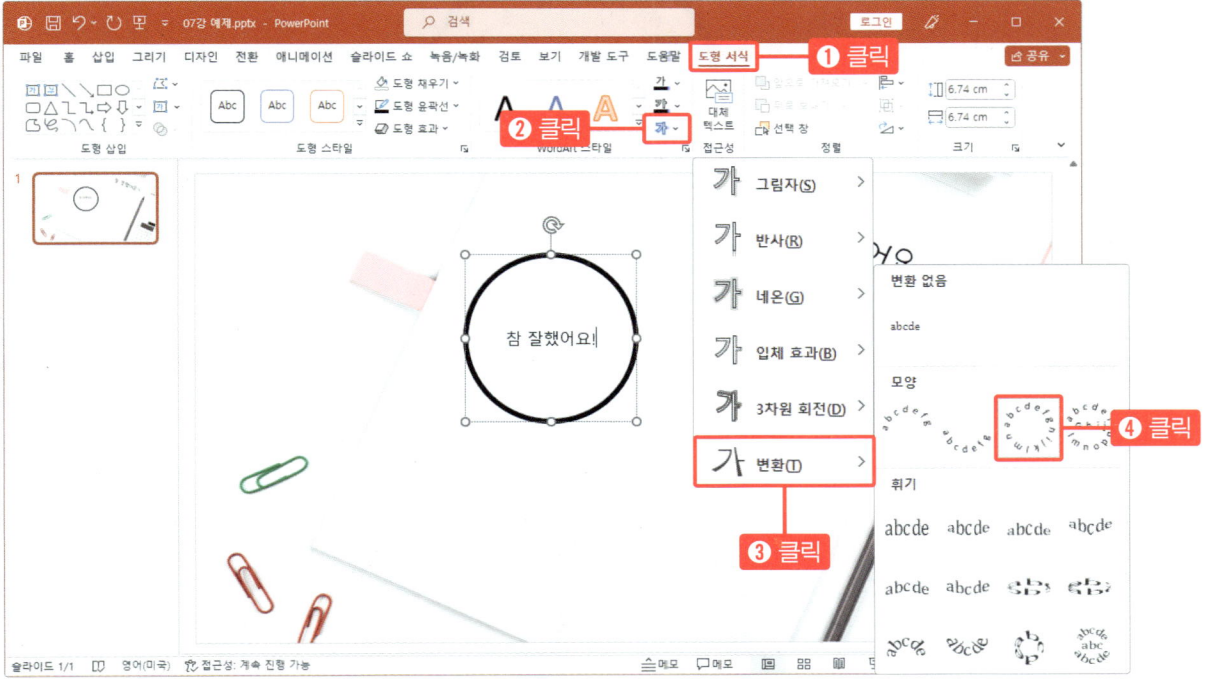

Step 07. 참 잘했어요 칭찬 스탬프

03 "참 잘했어요!" 끝부분을 클릭하여 글자 입력 커서가 나타나면 키보드에서 'ㅁ'을 입력한 후 [한자] 키를 누르면 나타나는 특수문자 목록에서 '★' 모양을 찾아 선택해요.

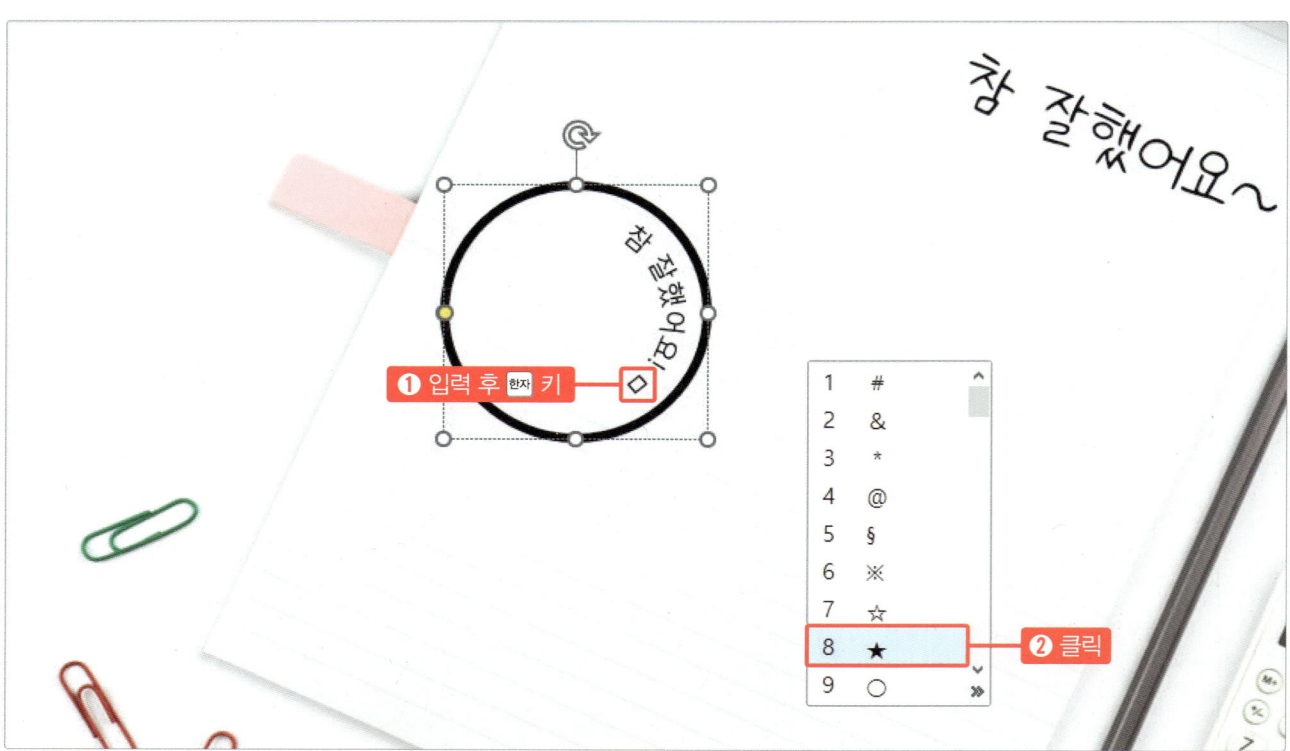

04 같은 방법으로 글자를 입력하고 특수문자를 삽입해요.

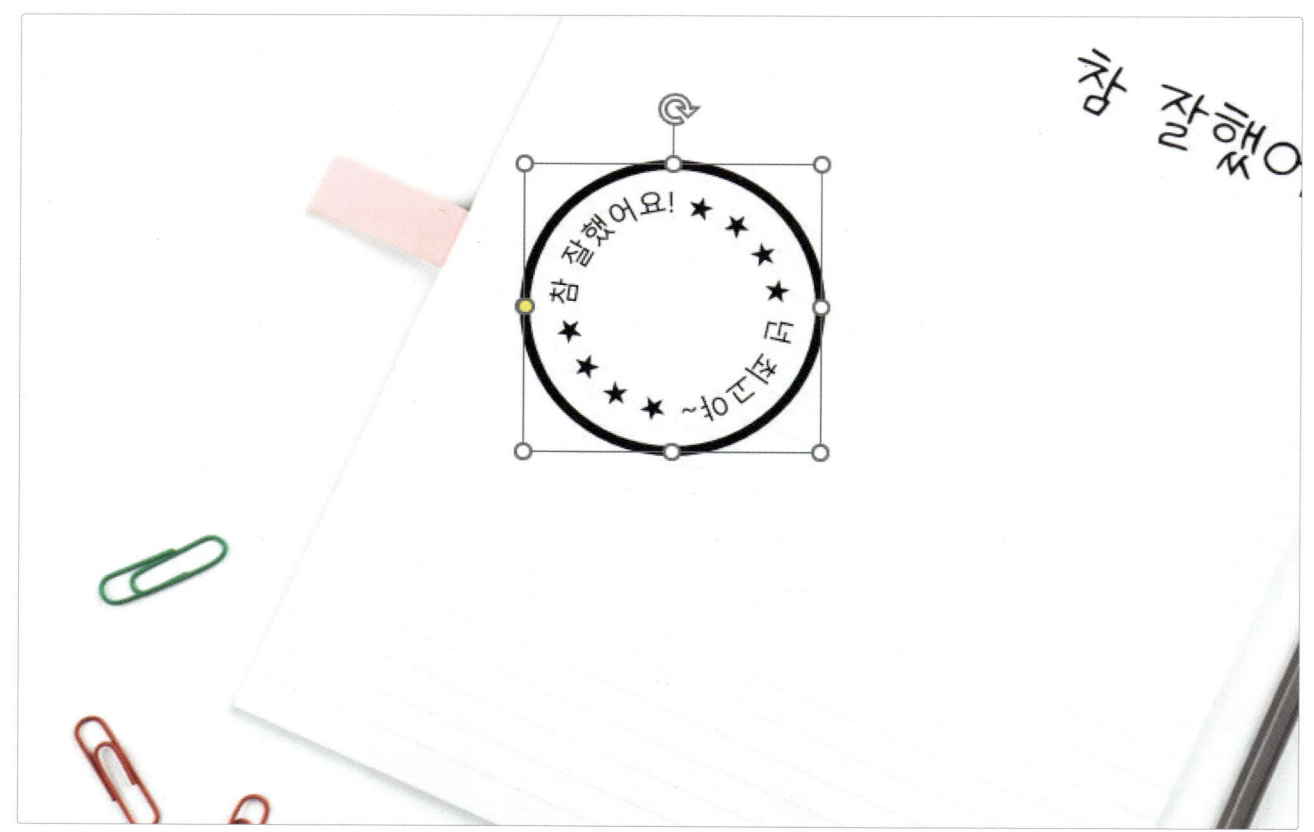

05 칭찬 스탬프에 이미지를 삽입하기 위해 [삽입] 탭-[이미지] 그룹-[그림( )]-[이 디바이스]를 클릭하여 '소녀1.png' 파일을 불러와 크기와 위치를 조절해요.

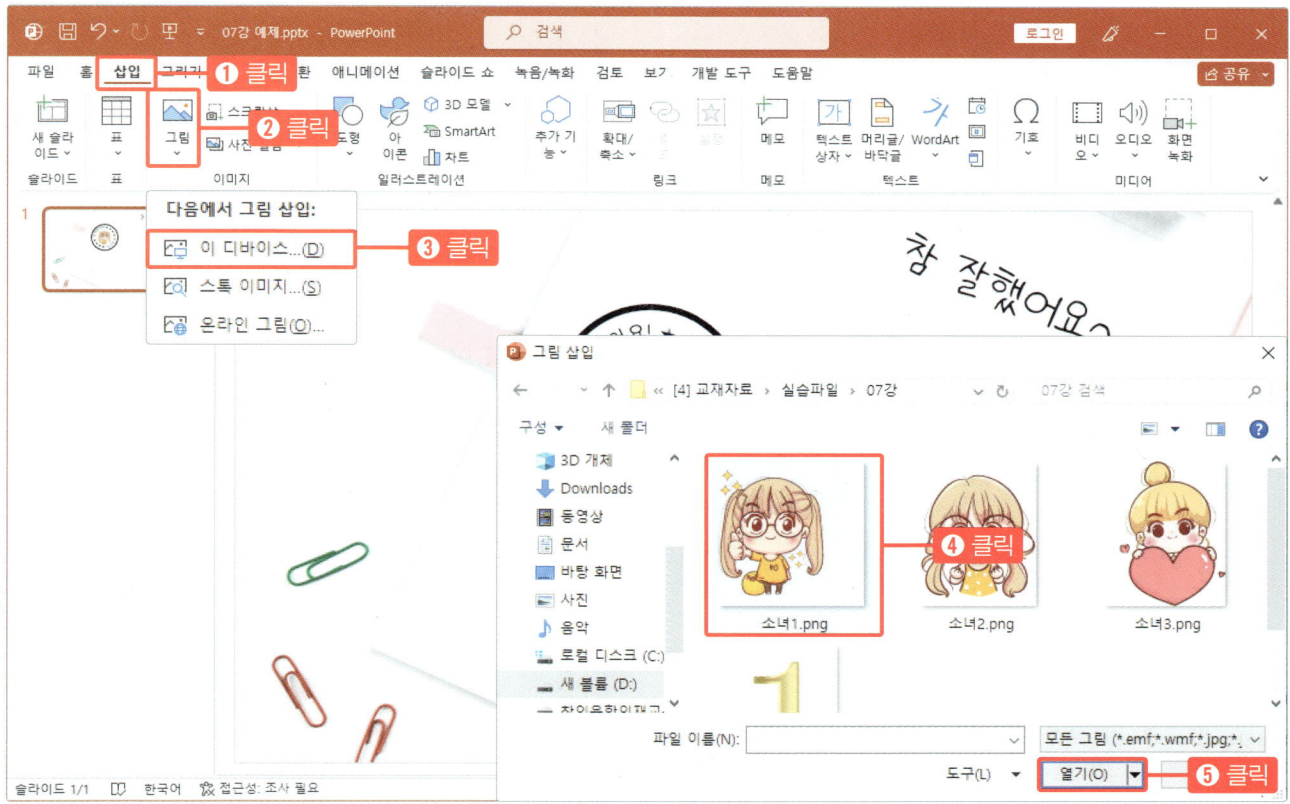

06 이미지를 선택한 후 [그림 서식] 탭-[조정] 그룹-[색( )]을 클릭해요.

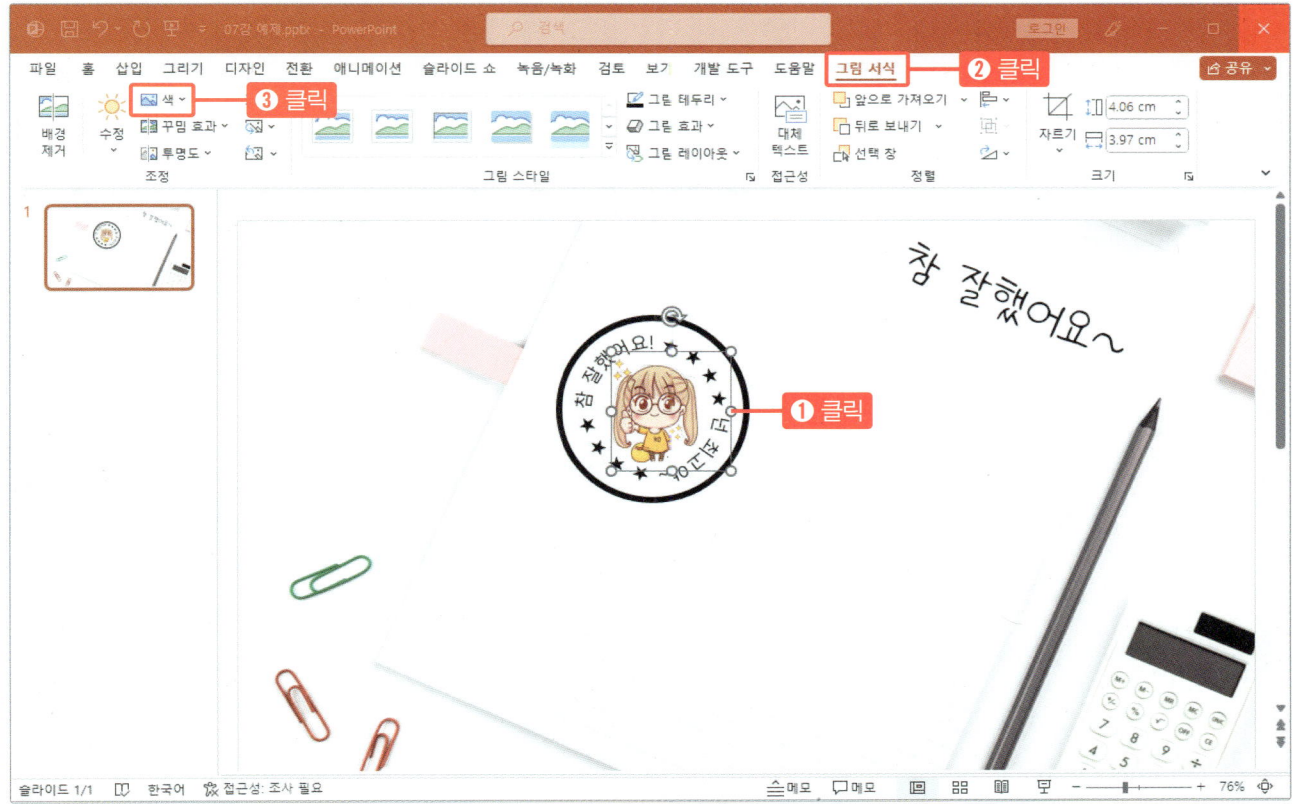

07 [다시 칠하기]-[흑백: 75%]를 선택해 이미지를 흑백으로 변경해요.

08 앞서 배운 내용을 바탕으로 다른 모양의 칭찬 스탬프도 완성해 보세요.

생각 쏙쏙 실력 쏙쏙

▶ 예제 파일 : 07강 폴더   ▶ 완성 파일 : 07강 창의 완성.pptx

1. 실습 파일을 불러와 그림과 같이 '★' 특수문자를 삽입해 보세요.

짹짹힌트 '타원' 도형을 삽입하고 채우기 색과 윤곽선을 '없음'으로 지정한 후 텍스트 변환 기능을 이용해요.

2. '숫자' 파일을 불러와 색을 자유롭게 변경해 보세요.

Step 07. 참 잘했어요 칭찬 스탬프

Step 08 냠냠! 우리동네 맛집 지도

오늘은 무엇을 배울까요?

- 스크린샷을 이용해 지도 화면을 캡처해요.
- 온라인 그림을 삽입해 맛집 지도를 완성해요.

1. 온라인 타자 교실 사이트에서 베네치아 게임을 실행해요.
2. 하늘에서 떨어지는 단어를 입력하며 타자 연습을 해요.

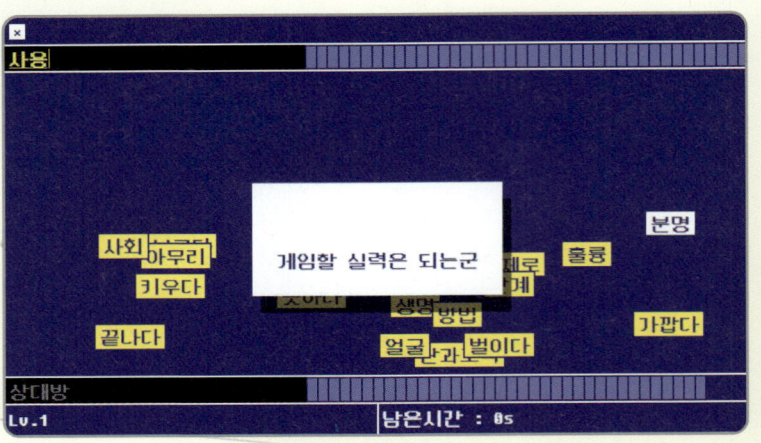

● 예제 파일 : 없음   ● 완성 파일 : 08강 완성.pptx

1. 인터넷에서 지도를 캡처해 슬라이드에 삽입해요.
2. 온라인 그림을 삽입해 우리동네 맛집 지도를 완성해요.

56 또롱또롱 처음 배우는 파포 2021

온라인 타자 교실에서 베네치아 게임하기

한컴 타자 연습을 한 후 온라인 타자 교실 사이트에서 베네치아 게임을 해봐요.

온라인 타자 교실 사이트(https://typing.zidell.me)에 접속하여 유사 베네치아 게임을 진행해 봐요.

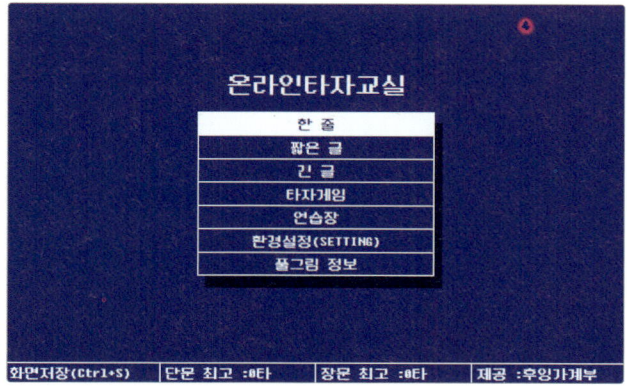

❶ 온라인 타자 교실 사이트 접속하기

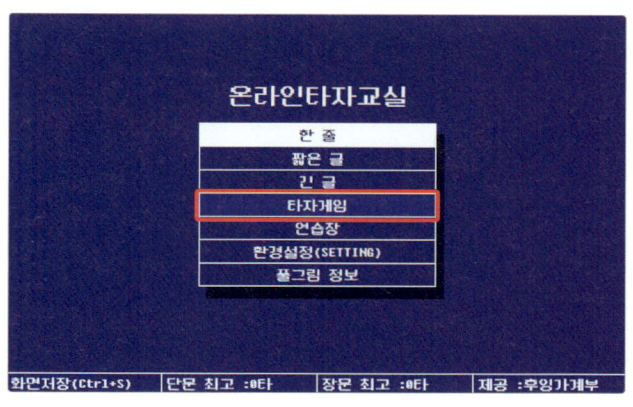

❷ [타자게임] 클릭하기

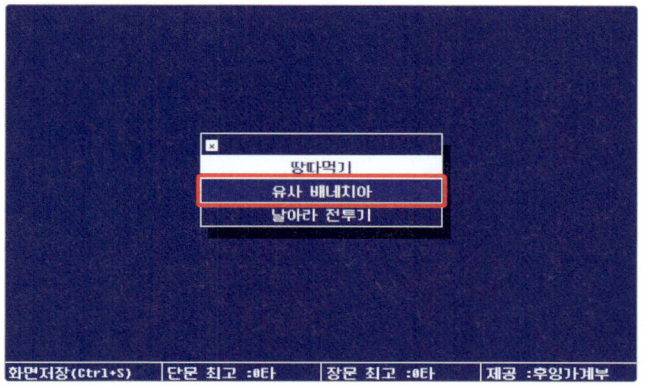

❸ [유사 베네치아] 클릭하기

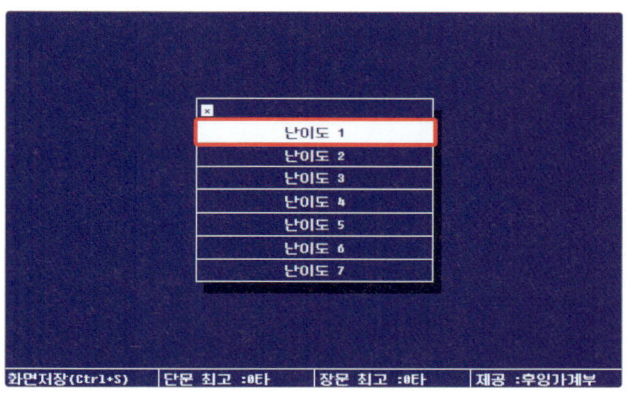

❹ 게임 난이도 선택하기

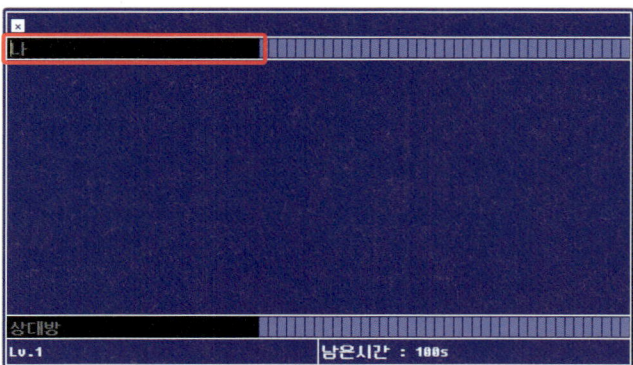

❺ '나' 입력창 클릭하여 게임 시작하기

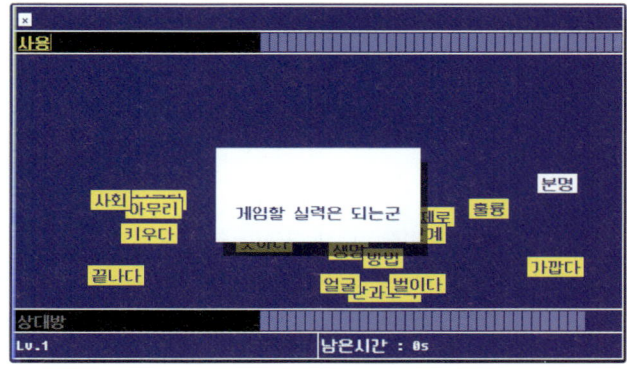

❻ 베네치아 게임 진행하기

인터넷 지도 캡처해 슬라이드에 삽입하기

화면 캡처 기능을 이용해 인터넷 지도를 슬라이드에 삽입해 봐요.

01 파워포인트 프로그램( )을 실행한 후 새 프레젠테이션을 실행하고 [홈] 탭-[슬라이드] 그룹-[레이아웃( )]-[빈 화면]을 클릭해요.

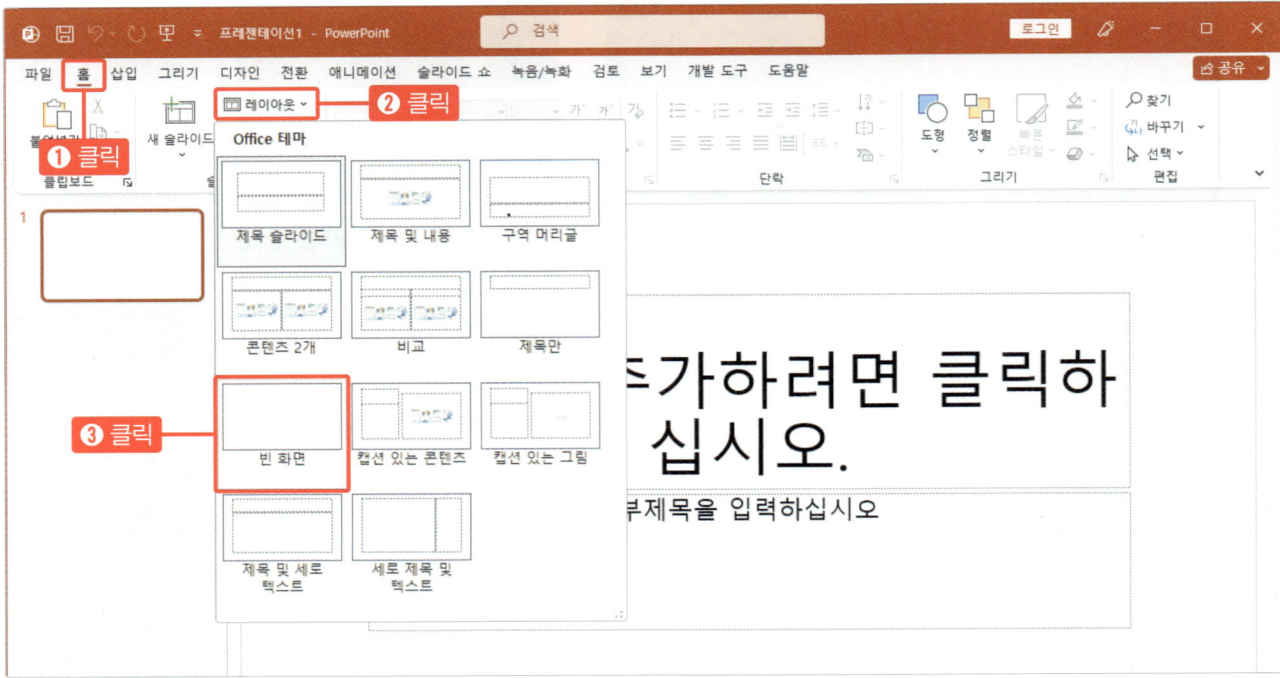

02 인터넷 브라우저를 실행해요. '네이버 사이트(https://naver.com)'에 접속하고 검색창에 '내 근처 맛집'을 검색한 후 [지도]를 클릭해요.

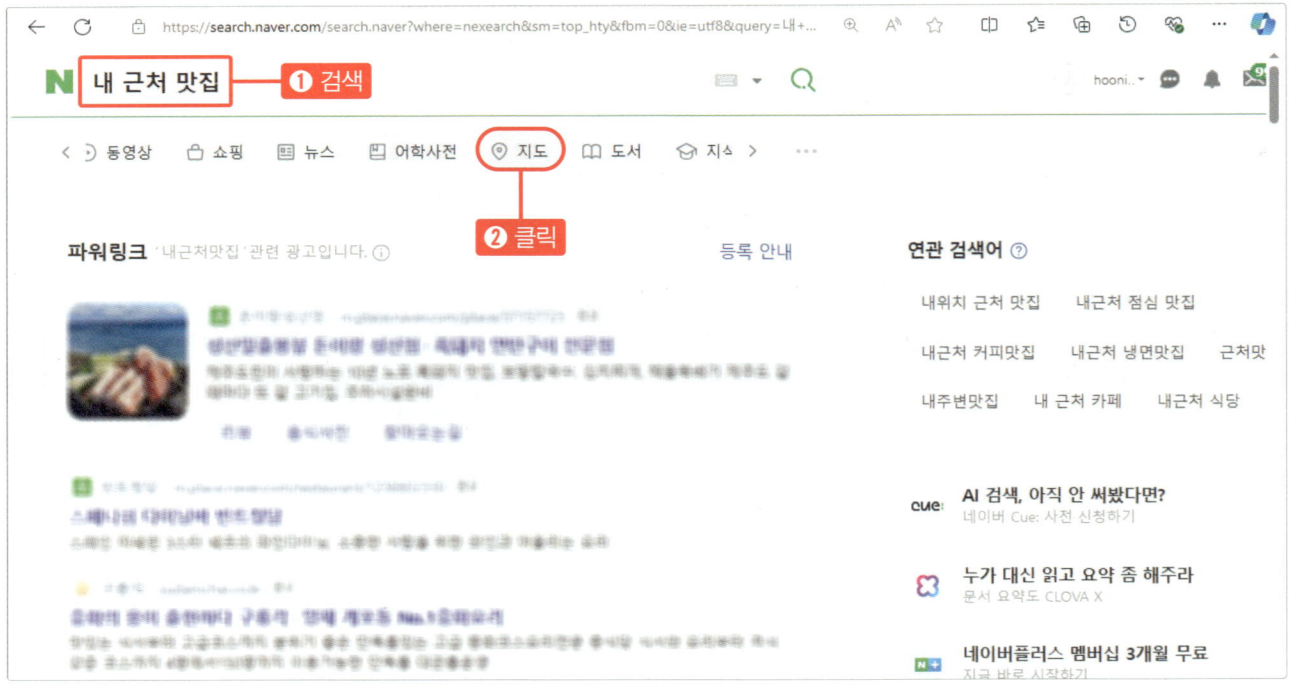

58 또롱또롱 처음 배우는 파포 2021

03 지도에 음식점 아이콘들이 표기된 모습을 확인해요.

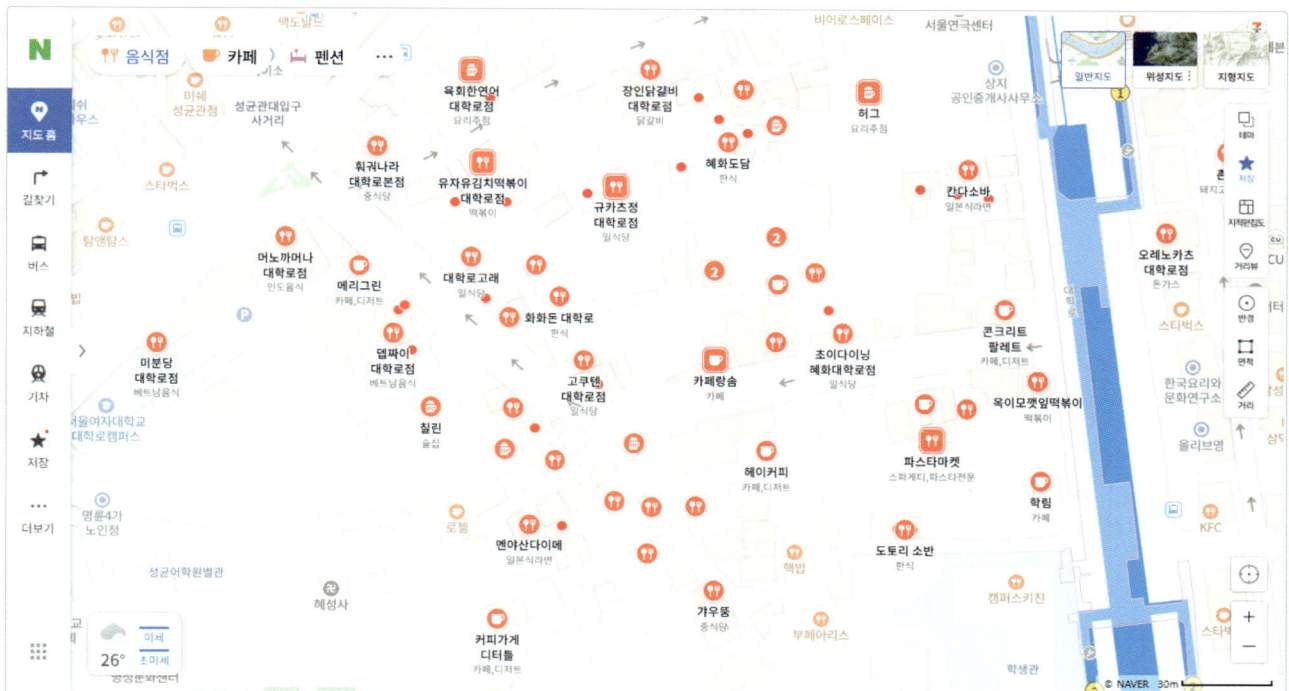

04 지도 오른쪽 하단의 [확대(+)]를 클릭하여 지도를 확대해요.

05 다시 파워포인트 창을 열고 [삽입] 탭-[이미지] 그룹-[스크린샷( )]-[화면 캡처]를 클릭하여 검색한 '내 근처 맛집 지도'에서 필요한 부분을 드래그하여 캡처해요.

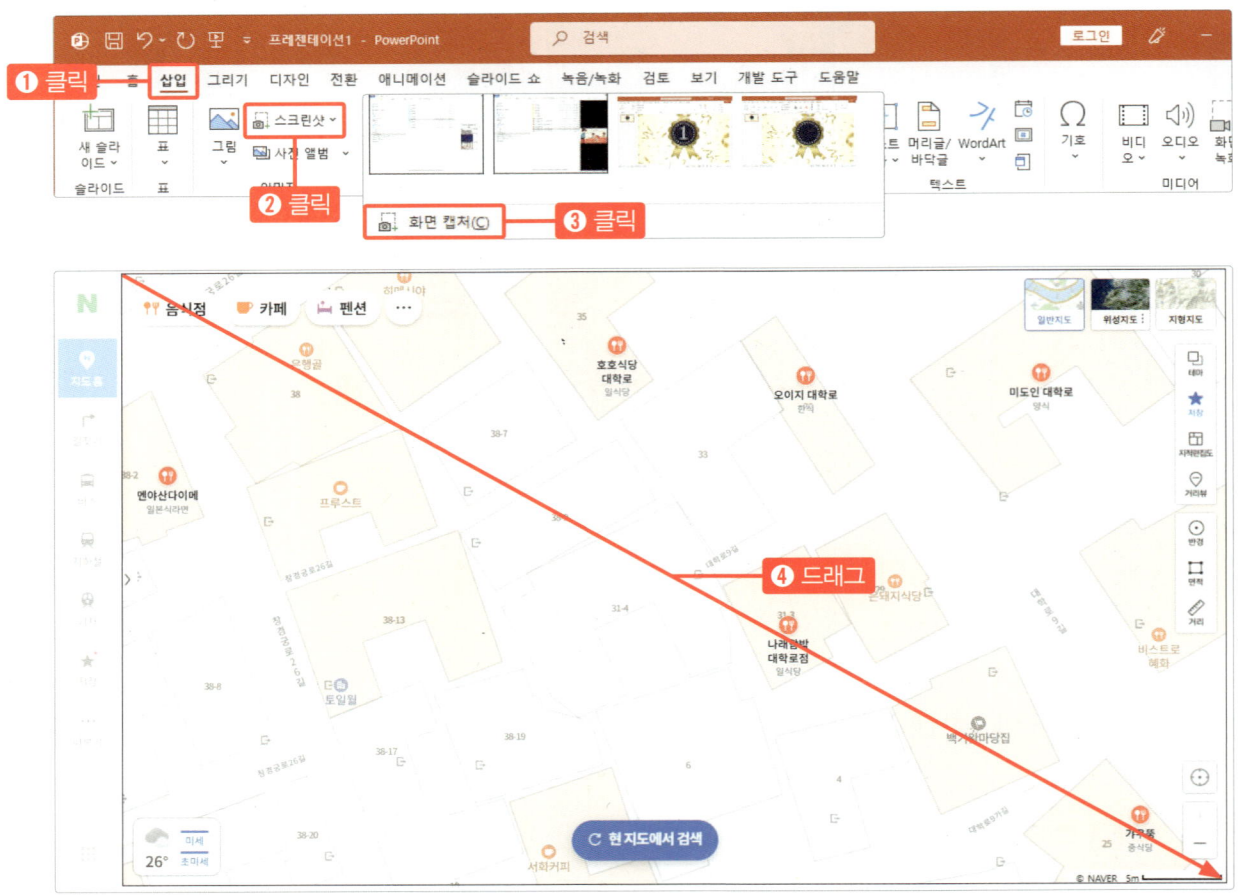

06 슬라이드에 캡처한 화면이 삽입되면 [디자인] 탭-[테마] 그룹에서 원하는 디자인 테마를 선택하고 삽입된 이미지의 크기와 위치를 조절해요.

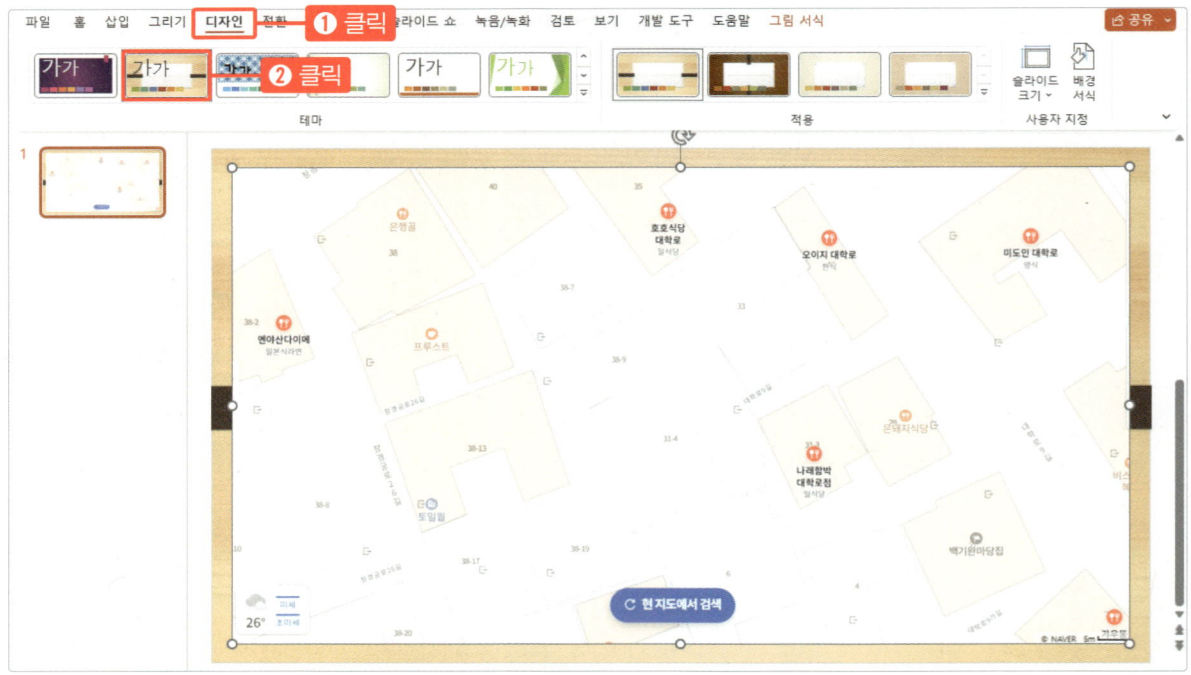

미션 02 온라인 그림 삽입하여 맛집 지도 완성하기

온라인 그림에서 원하는 이미지를 찾아 삽입해 맛집 지도를 완성해 봐요.

01 [삽입] 탭-[이미지] 그룹-[그림(🖼)]-[온라인 그림]을 클릭하여 [온라인 그림] 창이 나타나면 '초밥'을 검색한 후 원하는 이미지를 선택하고 [삽입]을 클릭해요.

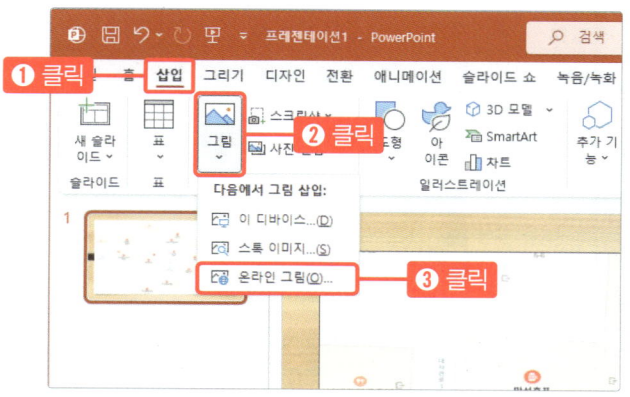

02 삽입된 이미지의 크기와 위치를 조절하고 [그림 서식] 탭-[그림 스타일] 그룹-[부드러운 가장자리 타원]을 클릭해요.

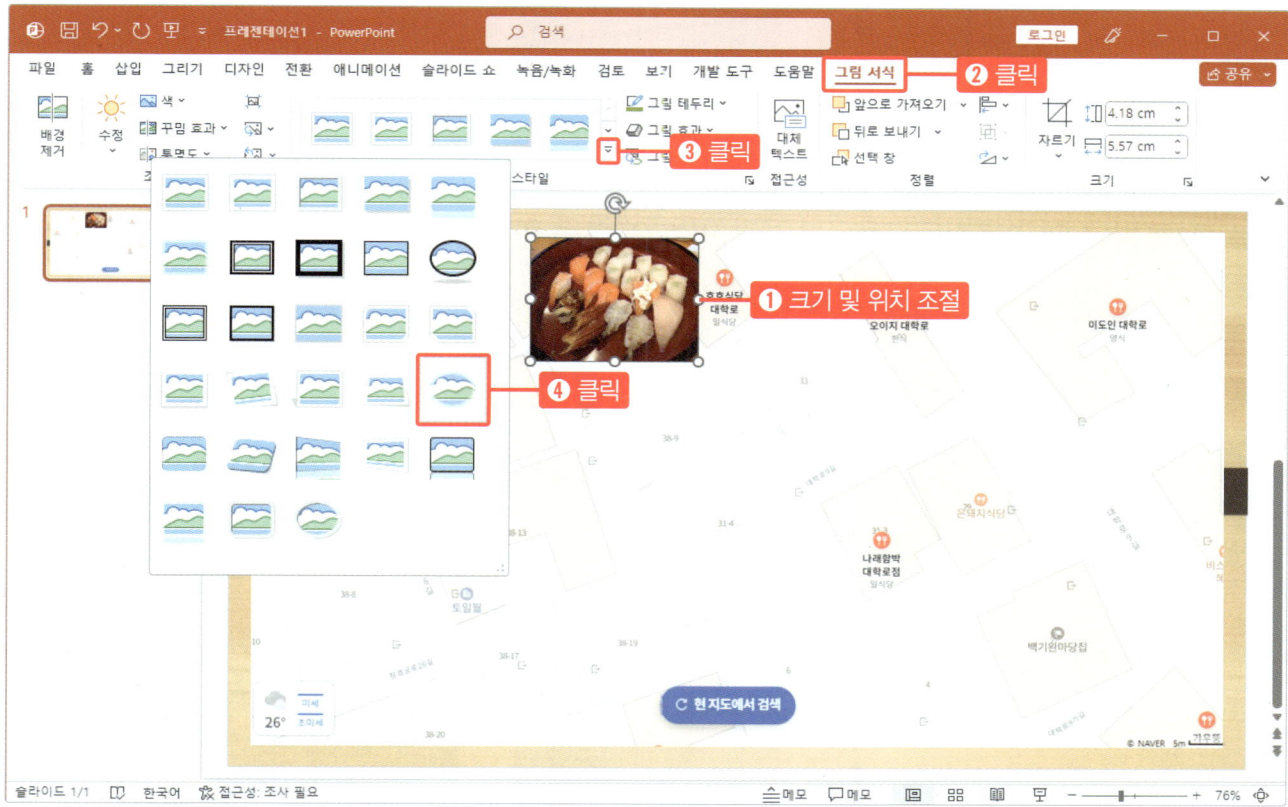

03 같은 방법으로 맛집에 어울리는 이미지를 삽입하고 그림 스타일을 적용하여 맛집 지도를 완성해요.

Step 08. 냠냠! 우리동네 맛집 지도

생각 쏙쏙 실력 쑥쑥

▶ 예제 파일 : 08강 폴더   ▶ 완성 파일 : 08강 창의 완성.pptx

1 실습 파일을 불러와 캡처 기능을 활용하여 나만의 앨범을 만들어 보세요.

짹짹힌트 인터넷 브라우저 검색창에 '디저트'를 입력하고 [이미지]를 클릭해 보세요.

2 그림 스타일을 변경하여 분위기 있는 앨범을 완성해 보세요.

Step 09. 영어 단어 카드 만들기

오늘은 무엇을 배울까요?

- 온라인 3D 모델을 삽입하고 각도를 조절해요.
- 텍스트 상자를 이용해 영어 단어를 입력해요.

타자&마우스 놀이

1. 타자몽 프로그램을 설치하고 프로그램을 실행해요.
2. 킹콩 게임을 진행하며 타자 연습을 해요.

파포 창작 놀이

● 예제 파일 : 없음   ● 완성 파일 : 09강 완성.pptx

1. 온라인 3D 모델을 삽입하고 방향을 변경해요.
2. 영어 단어를 입력해 영어 단어 카드를 완성해요.

 **타자몽 프로그램에서 킹콩 게임 타자 연습하기**

한컴 타자 연습을 한 후 타자몽 프로그램을 실행하고 킹콩 게임을 해봐요.

'타자몽.exe' 파일을 더블클릭하여 설치한 후 프로그램을 실행하여 킹콩 게임을 진행해 봐요.

❶ 타자몽 프로그램 실행하고 [게임] 클릭하기

❷ [타자게임] 클릭하기

❸ [킹콩게임] 클릭하기

❹ [단계선택] 클릭하기

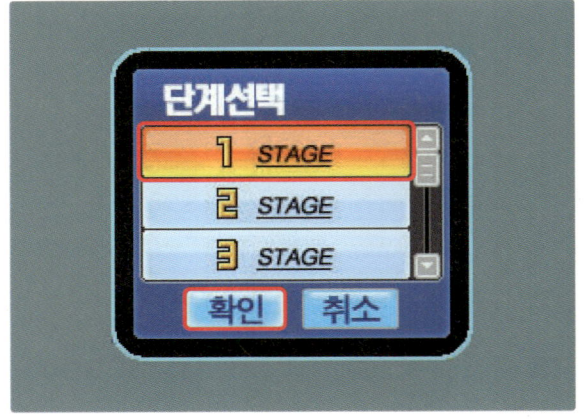
❺ STAGE 선택하기

❻ 킹콩게임 진행하기

도형 이용해 영어 단어 카드 만들기

도형을 이용해 카드를 만들고 온라인 3D 모델을 삽입해 단어 카드를 완성해 봐요.

01 파워포인트 프로그램(P)을 실행한 후 새 프레젠테이션을 실행하고 레이아웃을 '빈 화면'으로 지정해요.

02 [삽입] 탭-[일러스트레이션] 그룹-[도형]에서 '사각형: 둥근 모서리(▢)' 도형을 선택한 후 그림과 같이 삽입해요.

03 [도형 서식] 탭-[도형 스타일] 그룹-[도형 채우기]를 클릭한 후 '노랑'을 클릭해요.

04 이어서 [도형 윤곽선]을 클릭하고 윤곽선 색('연한 파랑')과 두께('3pt')를 지정해요.

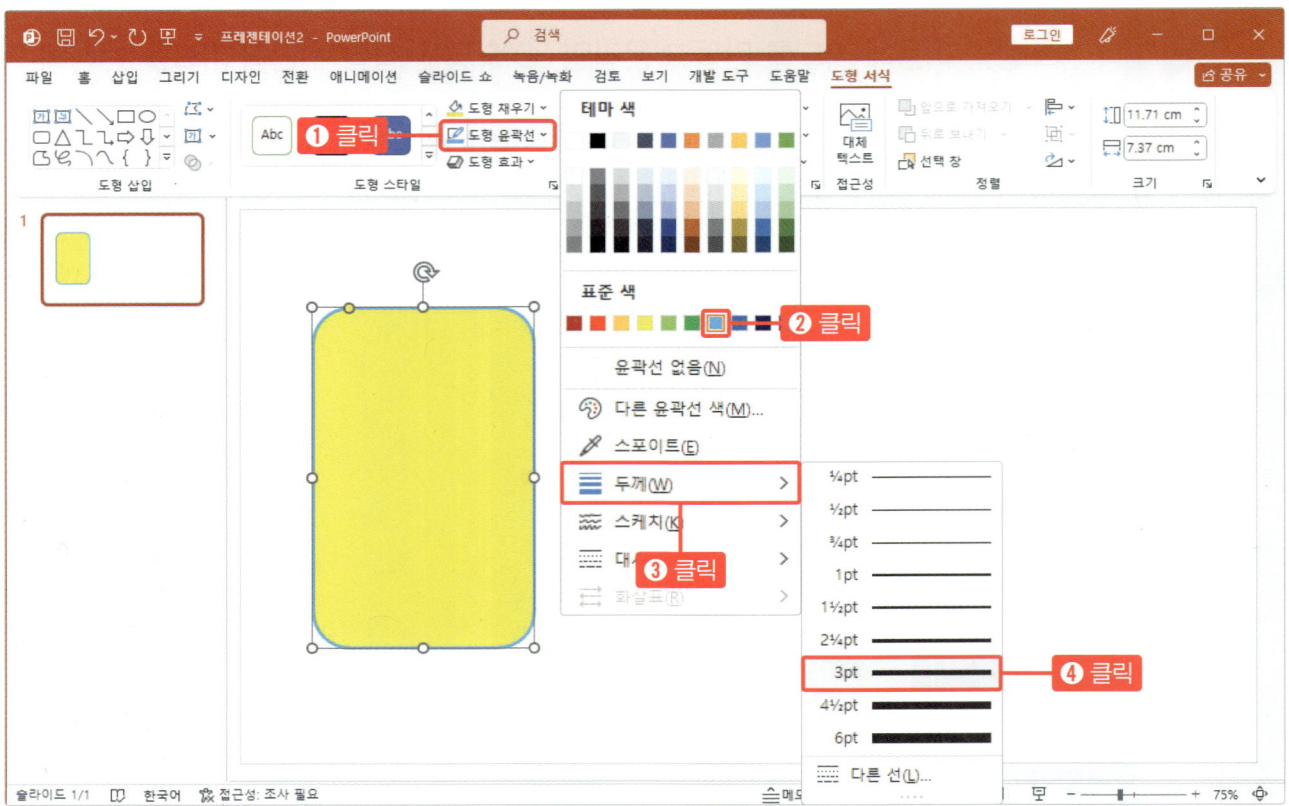

05 [삽입] 탭-[일러스트레이션] 그룹-[3D 모델(📦)]-[스톡 3D 모델]을 클릭해요.

06 [온라인 3D 모델] 창이 나타나면 'banana'를 검색하여 원하는 이미지를 선택하고 [삽입]을 클릭해요.

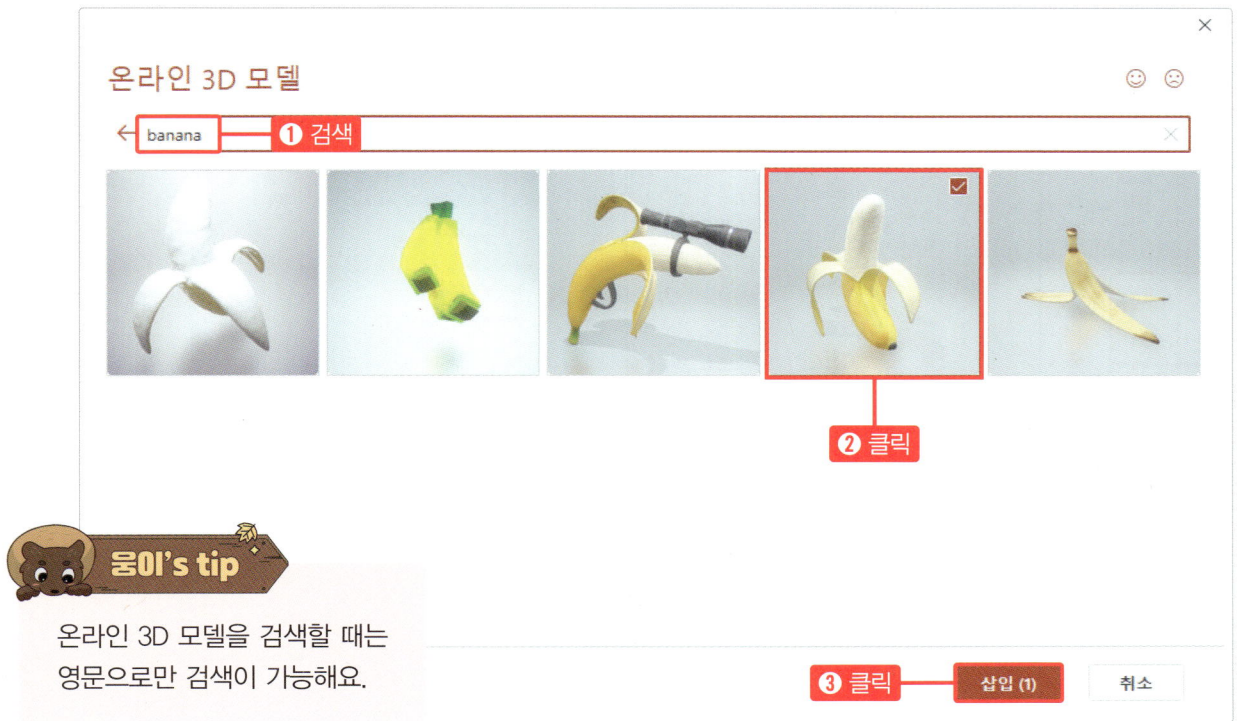

웅이's tip

온라인 3D 모델을 검색할 때는 영문으로만 검색이 가능해요.

07 3D 모델이 삽입되면 [3D 모델 핸들]을 클릭하고 드래그하여 각도를 조절하고 3D 모델의 크기와 위치를 그림과 같이 조절해요.

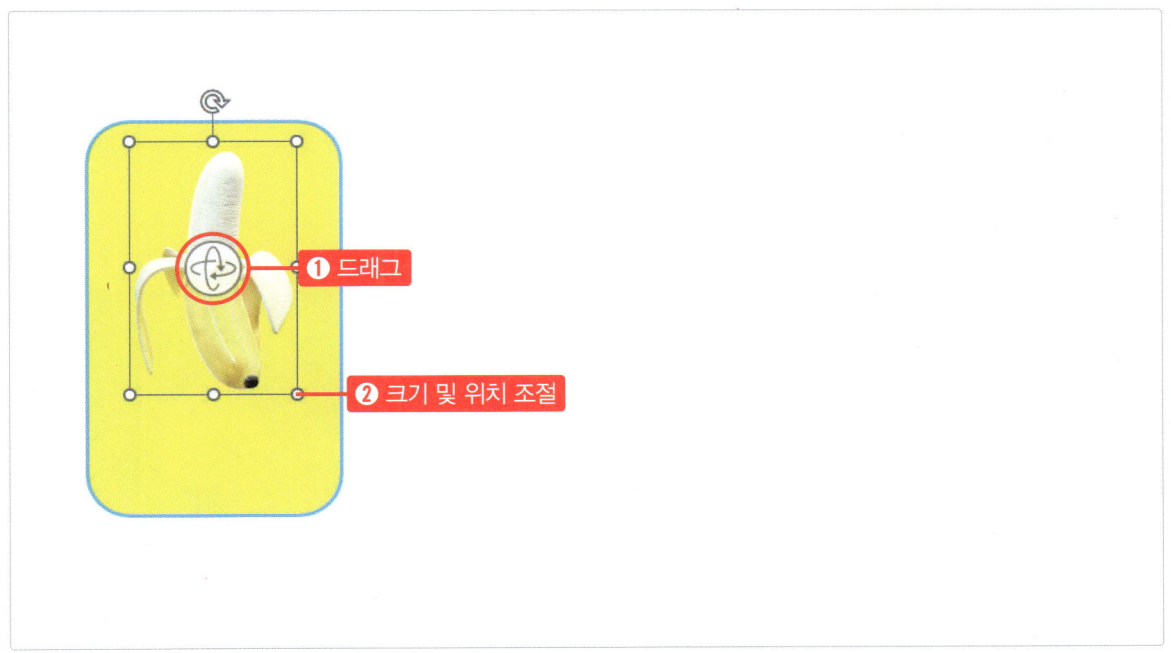

웅이's tip

[3D 모델] 탭-[3D 모델 보기] 그룹에서 다양한 각도의 3D 모델을 선택할 수도 있어요.

08 단어 카드에 단어를 입력하기 위해 [삽입] 탭-[텍스트] 그룹-[텍스트 상자(가)]를 클릭한 후 단어를 입력할 공간을 드래그해요. 텍스트 상자가 삽입되면 "banana"를 입력한 후 글자 서식을 지정해요.

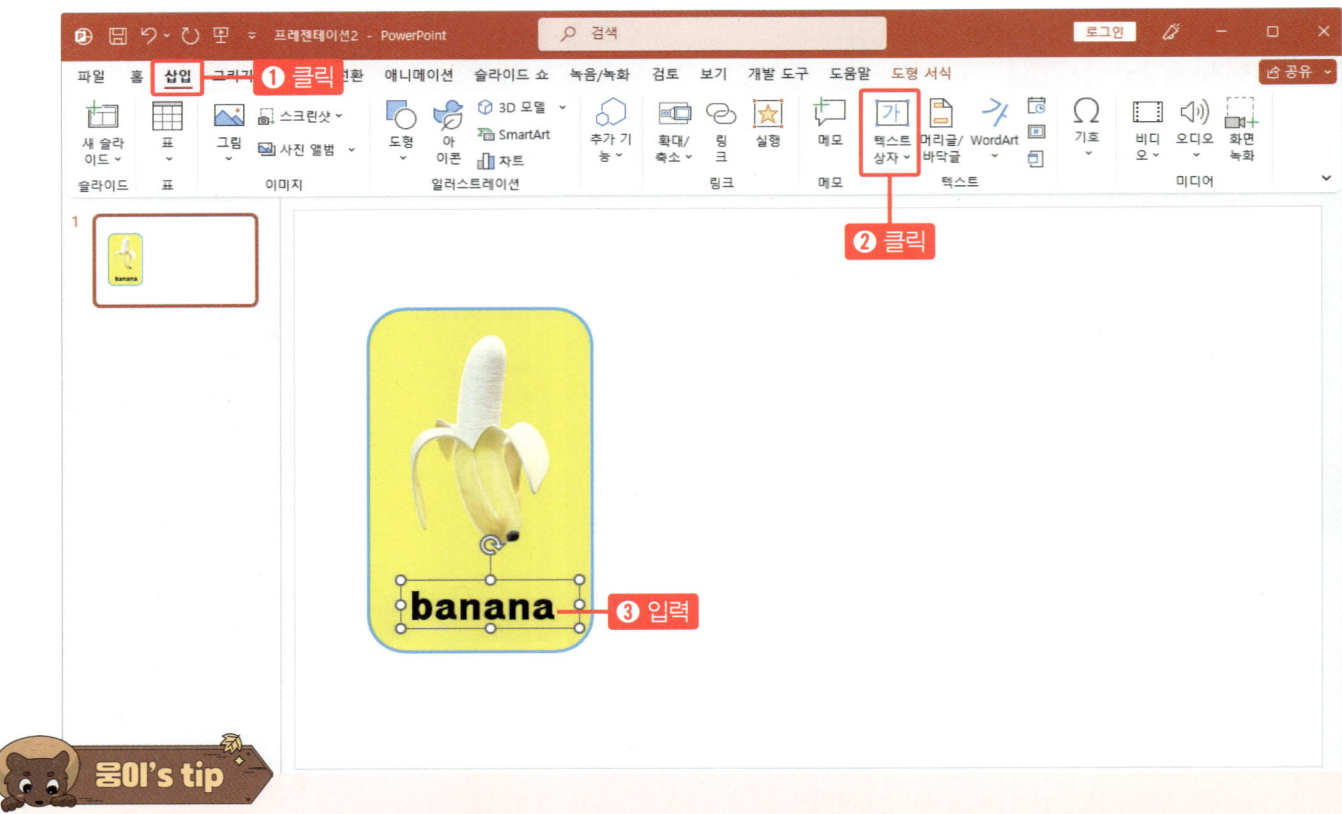

> **웅이's tip**
> '텍스트 상자'를 클릭하고 도형을 클릭하면 텍스트 상자가 삽입되지 않고 도형 안에 바로 글자를 입력할 수 있는 상태가 돼요. 따라서 도형 안에 텍스트 상자를 삽입할 경우 삽입할 영역을 드래그하여 텍스트 상자를 삽입해요.

09 앞서 배운 내용을 참고하여 영어 단어 카드를 완성해 봐요.

1. 도형과 온라인 3D 모델을 이용하여 날씨 카드를 만들어 보세요.

2. 텍스트 상자를 이용하여 날씨 카드에 영어 단어를 입력해 보세요.

Step 10 톡톡튀는 휴대폰 배경화면

오늘은 무엇을 배울까요?
- 그라데이션 효과를 이용해 도형을 채워요.
- 도형에 다양한 아이콘을 삽입해요.

타자&마우스 놀이

1. 포에버 사이트에 접속해요.
2. 재미있게 더블클릭 연습을 해요.

파포 창작 놀이

● 예제 파일 : 10강 폴더　● 완성 파일 : 10강 완성.pptx

1. 도형을 삽입하고 배경을 그라데이션으로 채워요.
2. 아이콘을 삽입해 나만의 휴대폰 배경화면을 완성해요.

 ## 재미있게 더블클릭 연습하기

한컴 타자 연습을 한 후 포에버 사이트에 접속해 더블클릭 연습을 해봐요.

포에버 사이트(https://www.forever.or.kr)에 접속하여 더블클릭 연습을 진행해 봐요.

❶ 포에버 사이트 접속하기

❷ [더블클릭연습] 클릭하기

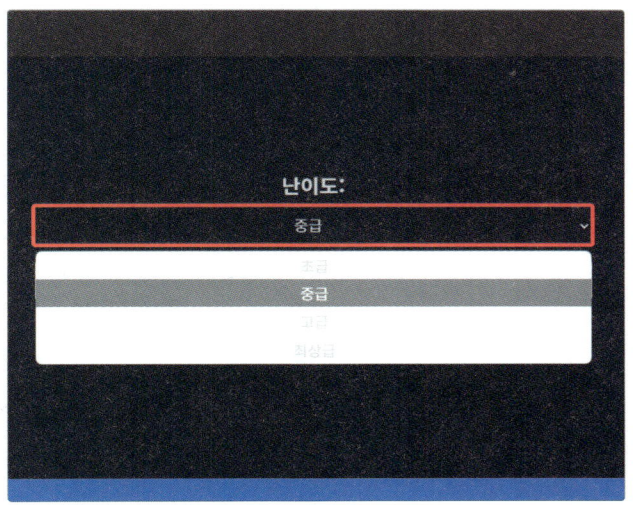

❸ 난이도 선택하기

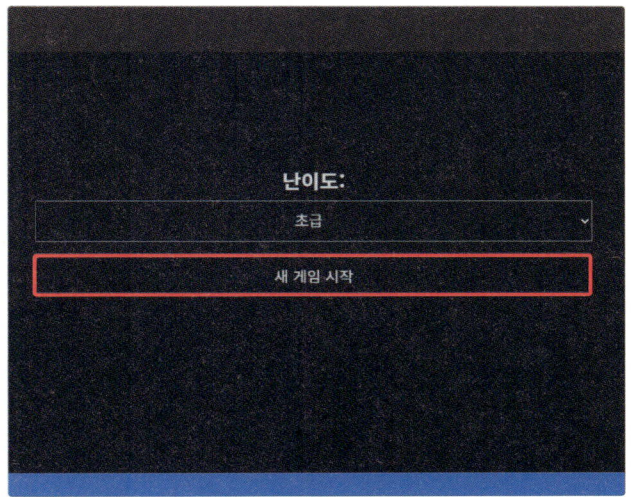

❹ [새 게임 시작] 클릭하기

❺ 물음표 더블클릭하여 카드 뒤집기

❻ 카드 뒤집어 같은 그림 맞추기

Step 10. 톡톡튀는 휴대폰 배경화면

그라데이션 효과로 도형 채우기

도형을 그라데이션으로 채워 휴대폰 배경을 만들어요.

01 파워포인트 프로그램( )을 실행한 후 [열기]-[찾아보기]를 클릭해 '10강 예제.pptx' 파일을 불러와요.

02 [삽입] 탭-[일러스트레이션] 그룹-[도형( )]에서 '사각형: 둥근 모서리( )' 도형을 선택한 후 그림과 같이 삽입해요.

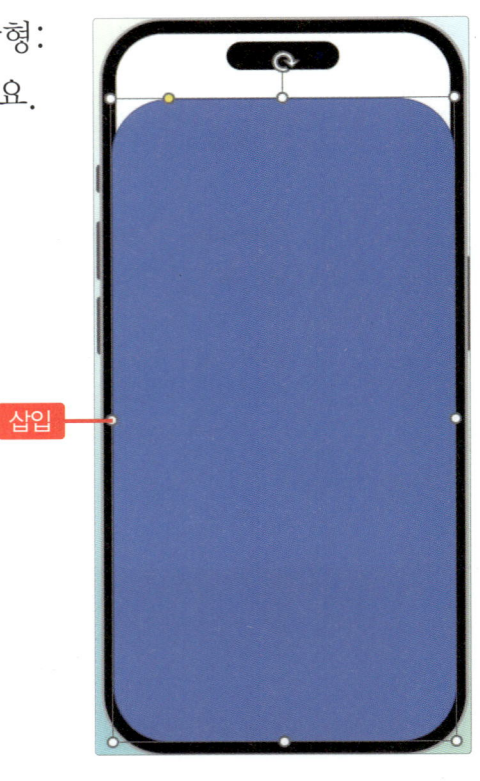

03 이어서 '모양 조절점( )'을 드래그하여 도형의 모서리를 휴대폰 화면에 맞춰요.

72 또롱또롱 처음 배우는 파포 2021

04 [도형 서식] 탭-[도형 스타일] 그룹-[도형 채우기]에서 '녹색'을 선택한 후 [그라데이션]-[밝은 그라데이션]-[선형 위쪽]을 클릭해요.

05 이어서 [도형 윤곽선]-[윤곽선 없음]을 클릭해요.

미션 02 아이콘 삽입하여 배경화면 완성하기

도형에 아이콘을 삽입하고 글자를 입력해 휴대폰 배경화면을 완성해 봐요.

01 [삽입] 탭-[일러스트레이션] 그룹-[아이콘(🦋)]을 클릭하여 [스톡 이미지] 창이 나타나면 원하는 아이콘을 선택한 후 [삽입]을 클릭해요.

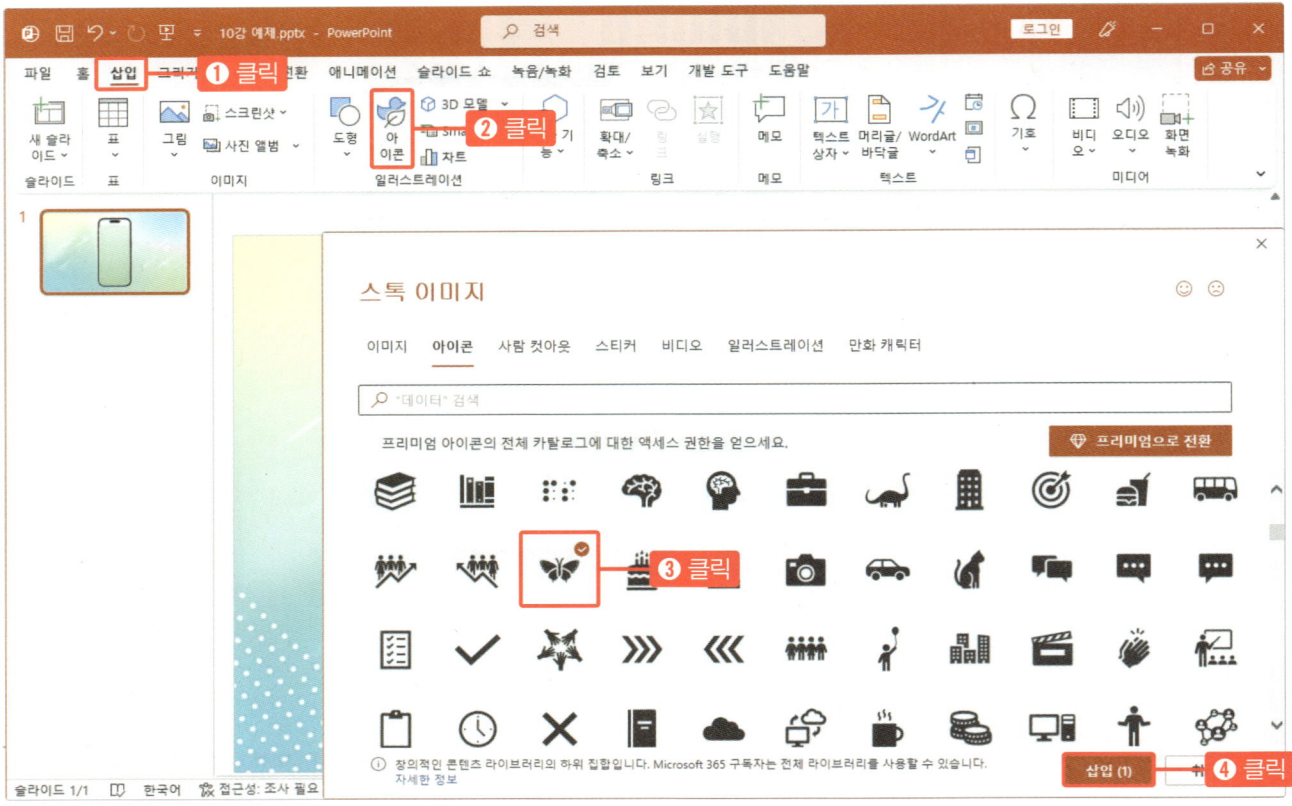

02 삽입된 아이콘의 크기와 위치를 자유롭게 조절하고 아이콘을 복사하여 배경화면을 꾸며요.

03 Shift 키를 누른 상태로 아이콘을 각각 선택하고 [그래픽 형식] 탭-[그래픽 채우기]에서 아이콘의 색상을 변경해요.

04 [삽입] 탭-[텍스트] 그룹-[텍스트 상자(가)]를 클릭하고 글자를 입력할 공간을 드래그하여 텍스트 상자를 삽입한 후 내용을 자유롭게 입력하고 서식을 지정해요.

05 Ctrl + A 키를 눌러 모든 개체를 선택하고 마우스 오른쪽 버튼을 클릭한 후 [그림으로 저장]을 클릭하여 배경화면을 저장해요.

 저장된 배경화면을 휴대폰으로 전송하여 배경화면으로 설정해 보세요.

생각 쏙쏙 실력 쏙쏙

▶ 예제 파일 : 10강 폴더   ▶ 완성 파일 : 10강 창의 완성.pptx

1 실습 파일을 불러와 나의 꿈을 담은 컴퓨터 바탕화면을 만들어 보세요.

짹짹힌트 도형에 그라데이션 효과를 적용하고 아이콘을 이용해 바탕화면을 꾸며요.

2 텍스트 상자를 이용하여 컴퓨터 바탕화면을 완성해 보세요.

Step 11 마음가득! 빼빼로 선물상자

오늘은 무엇을 배울까요?
- 도형을 그림으로 채우고 선물상자 도안을 만들어요.
- 이미지를 삽입해 빼빼로 선물상자를 완성해요.

타자&마우스 놀이

1. 타자몽 프로그램을 실행하고 두더지 게임을 실행해요.
2. 두더지가 보여주는 글쇠를 입력해 두더지를 잡아요.

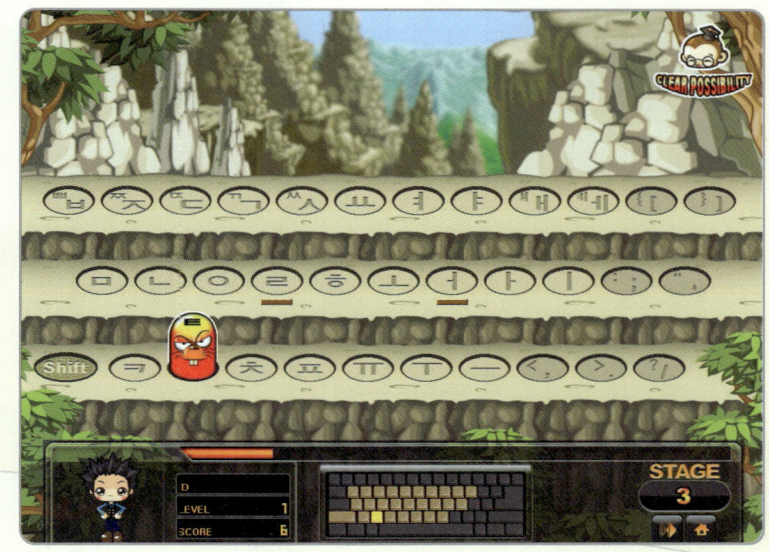

파포 창작 놀이

● 예제 파일 : 11강 폴더　● 완성 파일 : 11강 완성.pptx

1. 도형을 그림으로 채워 빼빼로 선물상자 도안을 만들어요.
2. 도안 앞면과 뒷면에 이미지를 삽입해 빼빼로 선물상자를 완성해요.

Step 11. 마음가득! 빼빼로 선물상자　77

 ## 타자몽 프로그램에서 타자 연습하기

한컴 타자 연습을 한 후 타자몽 프로그램을 실행하고 두더지 게임을 해봐요.

'타자몽' 프로그램을 실행한 후 두더지 게임을 진행해요.

❶ 타자몽 프로그램 실행하고 [게임] 클릭하기

❷ [타자게임] 클릭하기

❸ [두더지 게임] 클릭하기

❹ [단계선택] 클릭하기

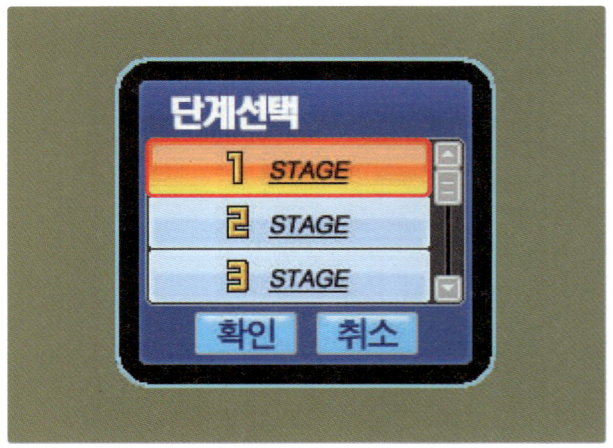

❺ STAGE 선택하기

❻ 두더지 게임 진행하기

미션 01 : 도형과 이미지 이용하여 빼빼로 선물상자 만들기

도형을 그림으로 채우고 여러 도형을 합쳐 빼빼로 선물상자 도안을 만들어 봐요.

01 파워포인트 프로그램(P)을 실행한 후 새 프레젠테이션을 실행하고 레이아웃을 '빈 화면' 으로 지정해요.

02 [삽입] 탭-[일러스트레이션] 그룹-[도형]에서 '직사각형(□)' 도형을 선택한 후 그림과 같이 삽입해요.

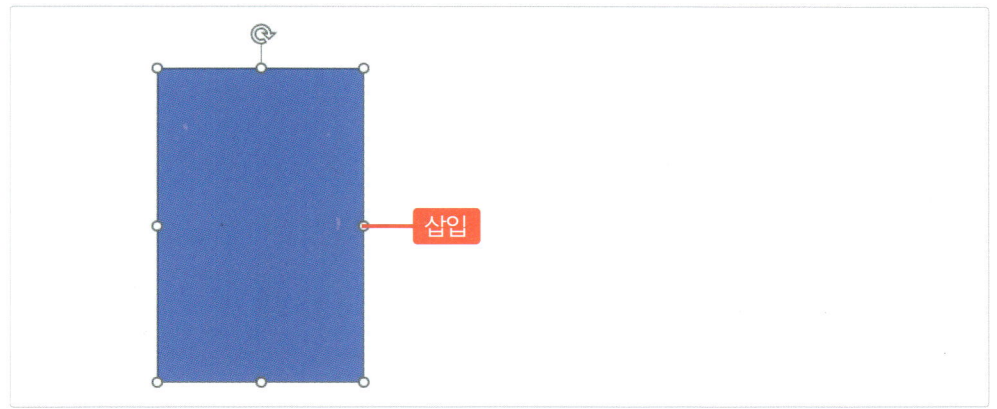

03 도형을 마우스 오른쪽 버튼으로 클릭하고 [도형 서식]을 클릭하여 [도형 서식] 창이 나타 나면 [채우기]-[그림 또는 질감 채우기]-[삽입]을 클릭해요.

04 [그림 삽입] 창이 나타나면 [파일에서]를 클릭하여 '배경.png' 파일을 삽입해요.

05 그림의 모양이 변경되지 않도록 [그림을 질감으로 바둑판식 배열]에 체크하고 [선]에서 선 색을 '검정, 텍스트 1'로 선택해요.

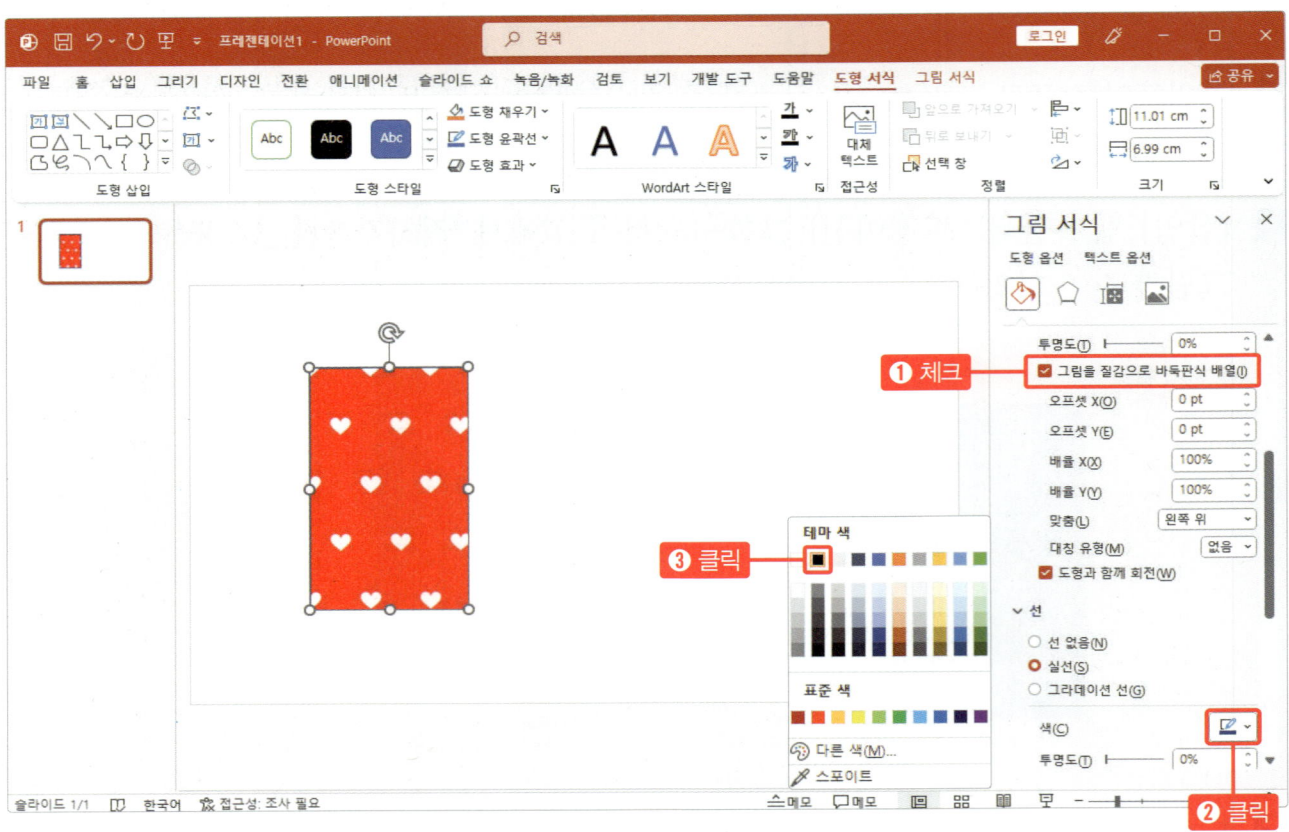

06 선물상자의 도안을 만들기 위해 Ctrl 키를 누른 상태로 도형을 드래그하여 복사한 후 크기와 위치를 그림과 같이 변경해요.

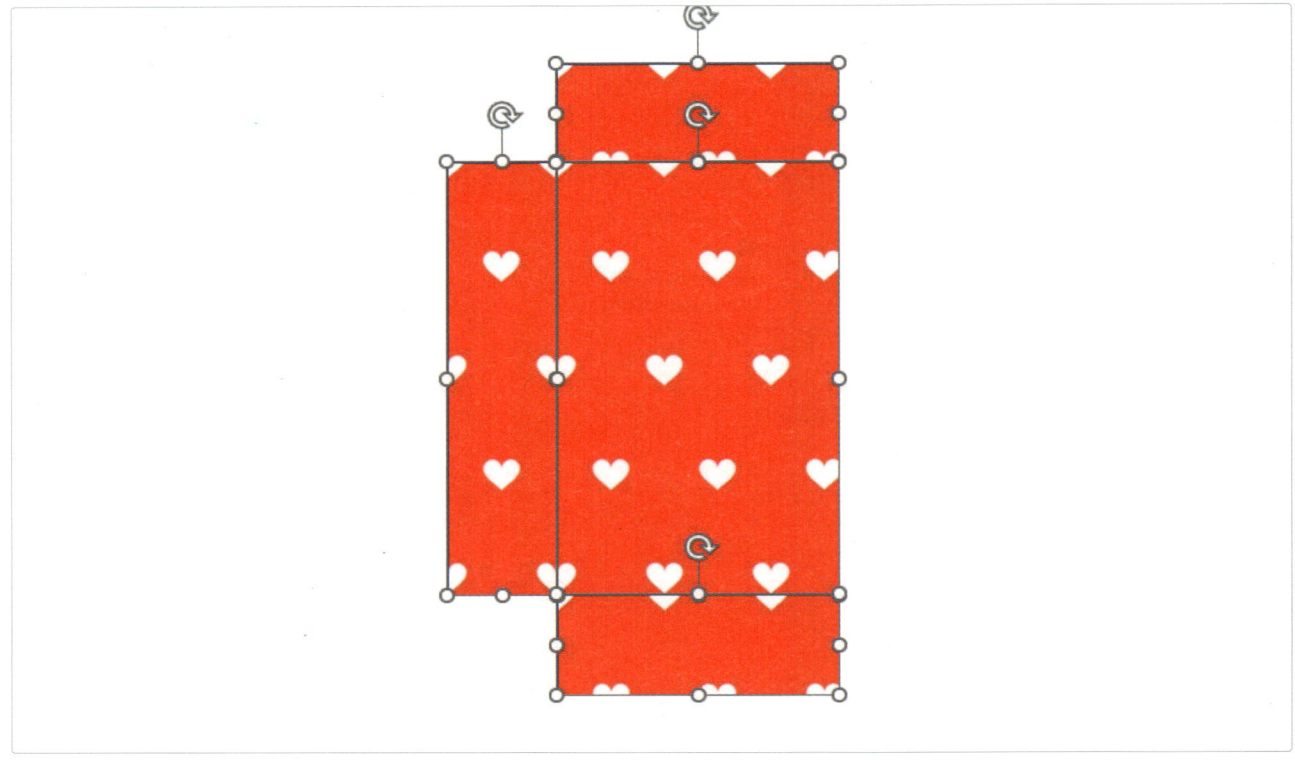

07 Ctrl+A 키를 눌러 도형을 전체 선택하고 [도형 서식] 탭-[그룹화(⿳)]-[그룹]을 클릭하여 도형을 하나의 개체로 그룹화한 후 그룹화된 도형을 Ctrl+Shift 키를 누른 상태로 드래그하여 그림과 같이 복제해요.

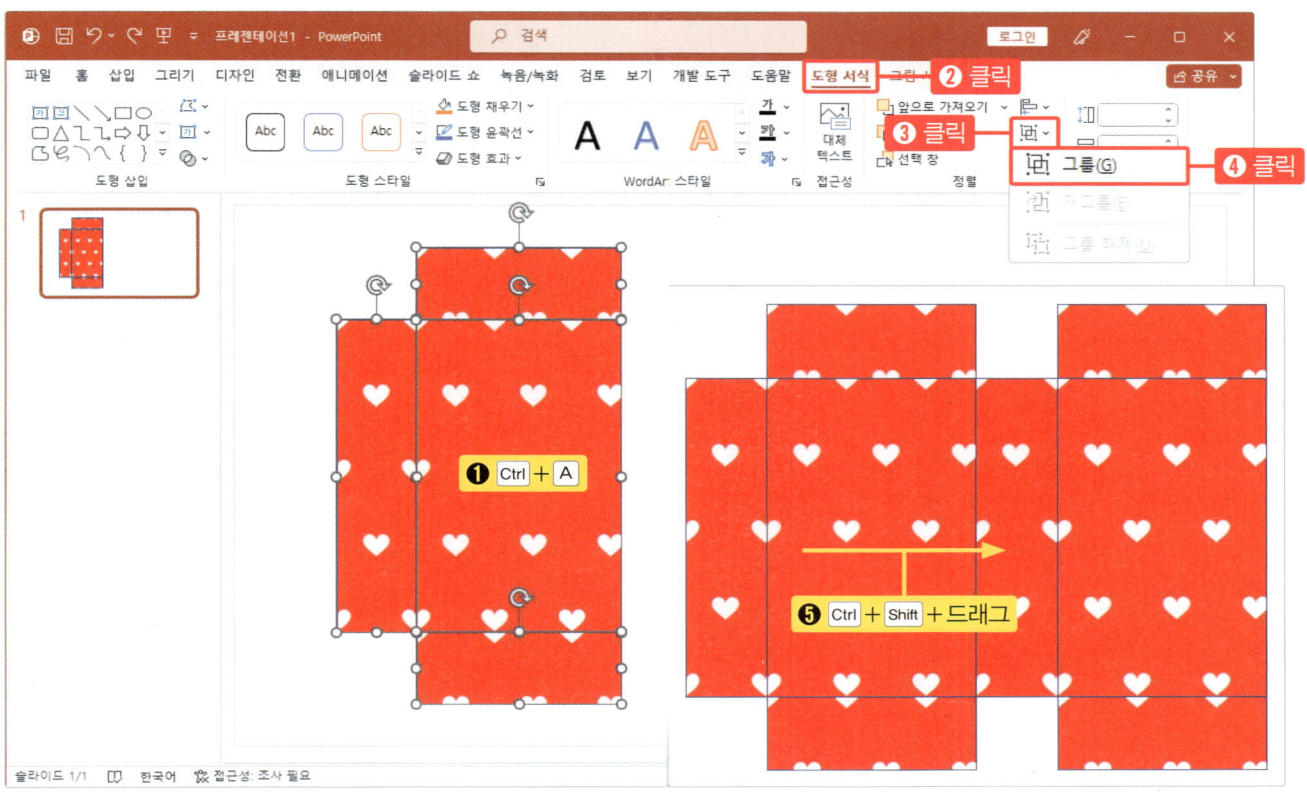

08 [삽입] 탭-[일러스트레이션] 그룹-[도형(◯)]에서 '사다리꼴(△)' 도형을 선택하여 도형을 삽입하고 [도형 서식] 창에서 [채우기]-[패턴 채우기]-[대각선 줄무늬: 넓은 하향]을 선택해요.

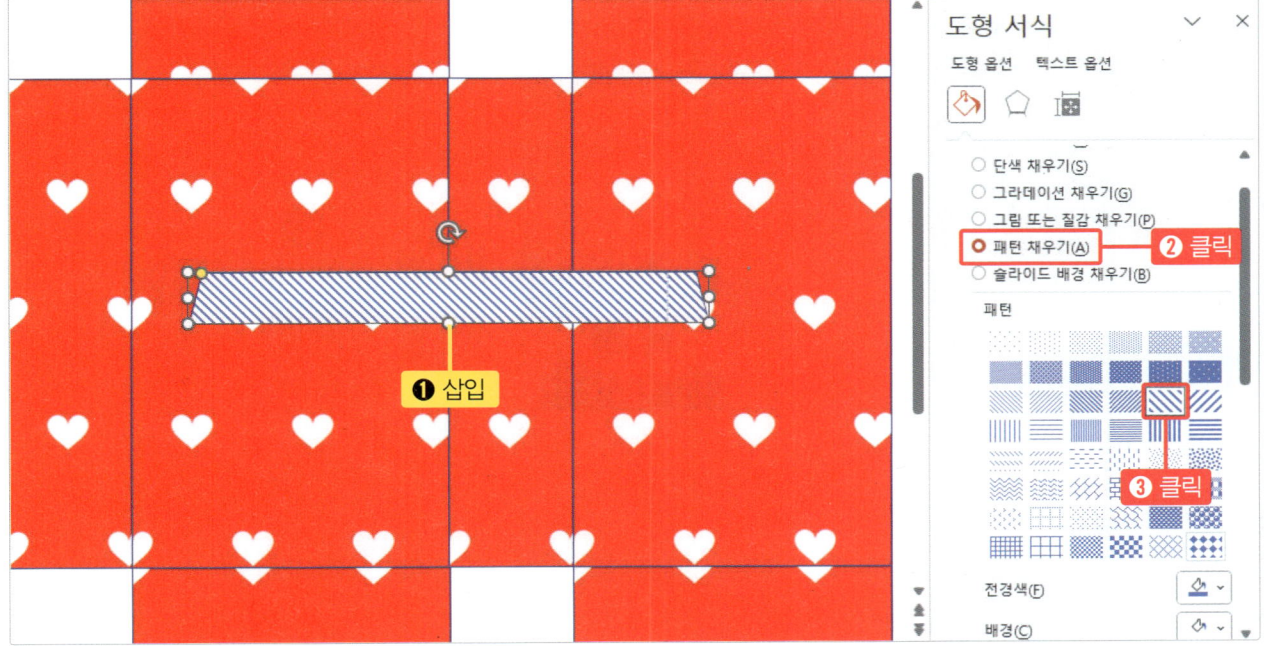

09 '사다리꼴' 도형의 '회전 조절점( )'을 드래그하여 회전시킨 후 그림과 같이 크기와 위치를 조절하여 선물상자의 풀칠할 부분을 만들어요.

10 이어서 [삽입] 탭-[이미지] 그룹-[그림( )]-[이 디바이스]를 클릭하여 [그림 삽입] 창이 나타나면 '하트', '메모지' 파일을 불러와 그림과 같이 선물상자를 꾸며요.

생각 쏙쏙 실력 쏙쏙

▶ 예제 파일 : 11강 폴더   ▶ 완성 파일 : 11강 창의 완성.pptx

1 새 프레젠테이션을 실행하고 도형을 이용해 아이템 주사위 전개도를 만들어 보세요.

잭잭힌트 [도형 서식] 창에서 '패턴 채우기'를 이용해 풀칠할 부분을 표시해요.

2 이미지를 삽입하여 아이템 주사위 전개도를 완성해 보세요.

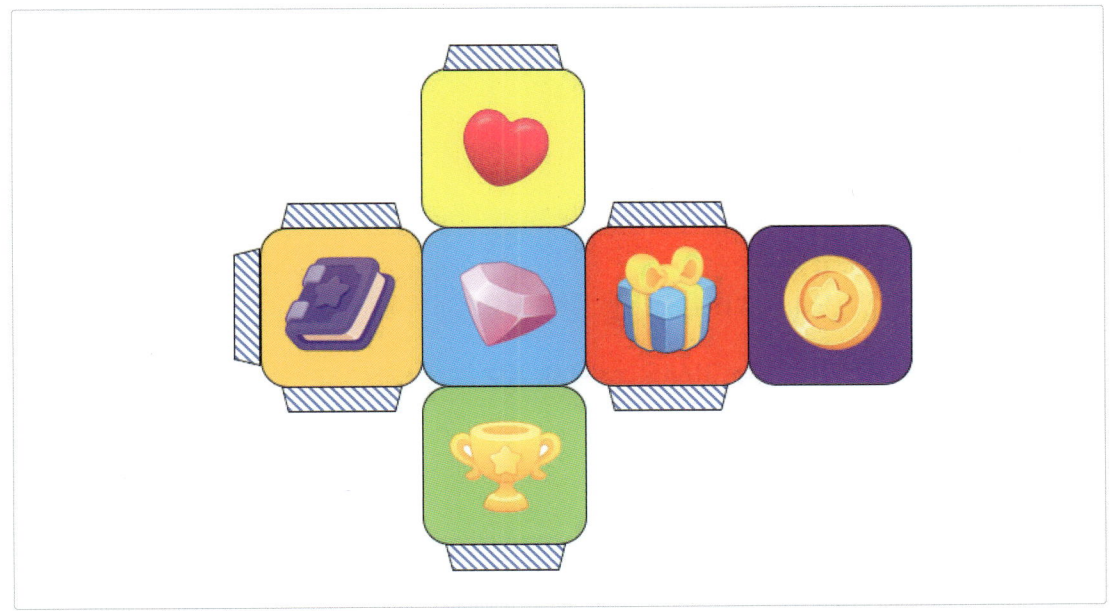

Step 11. 마음가득! 빼빼로 선물상자 83

Step 12 수리수리~ 마법의 편지지 만들기

오늘은 무엇을 배울까요?
- 온라인 그림을 이용해 편지지를 만들 이미지를 삽입해요.
- 투명한 색 설정을 이용해 이미지의 배경색을 없애요.

타자&마우스 놀이

1. 공룡 타자 연습 사이트에 접속하고 색칠공부 도안을 선택해요.
2. 다양한 도구를 이용해 색칠공부를 하며 마우스 연습을 해요.

파포 창작 놀이

● 예제 파일 : 없음   ● 완성 파일 : 12강 완성.pptx

1. 온라인 그림을 삽입해 편지지 배경을 만들어요.
2. 온라인 그림을 삽입하고 배경색을 제거해 편지지를 완성해요.

84 또롱또롱 처음 배우는 파포 2021

 **공룡 타자 연습 사이트에서 마우스 연습하기**

한컴 타자 연습을 한 후 공룡 타자 연습 사이트에서 색칠공부를 하며 마우스 연습을 해봐요.

01 공룡 타자 연습 사이트(https://dino-typing.com)에 접속하여 색칠공부를 하며 마우스 연습을 해봐요.

❶ [공룡게임]-[온라인 색칠공부] 클릭하기

❷ 원하는 색칠공부 도안 선택하기

❸ [메뉴]에서 원하는 도구 선택하여 색칠공부 진행하기

❹ [저장하기] 클릭하여 완성 작품 저장하기

02 색칠공부의 다양한 도구들을 확인해요.

도구	기능
페인트	색을 채울 때 사용해요.
브러쉬	붓과 같은 기능으로 색을 칠할 수 있어요.
지우개	색을 지울 수 있어요.
정의컬러	원하는 색을 선택할 수 있어요.
스티커	드래그하여 그림에 스티커를 삽입할 수 있어요.
다른 도안	다른 색칠공부 도안으로 변경할 수 있어요.

Step 12. 수리수리~ 마법의 편지지 만들기

미션 01 온라인 그림 삽입하여 편지지 배경 만들기

온라인 그림을 삽입하고 투명한 색 설정을 이용해 배경색을 제거하여 편지지 배경을 만들어 봐요.

01 파워포인트 프로그램(P)을 실행한 후 새 프레젠테이션을 실행하고 레이아웃을 '빈 화면'으로 지정해요.

02 [디자인] 탭-[사용자 지정] 그룹-[슬라이드 크기(□)]-[사용자 지정 슬라이드 크기]를 클릭하여 [슬라이드 크기] 창이 나타나면 [방향]을 '세로'로 선택한 후 [확인]을 클릭하고 [최대화]-[맞춤 확인]을 클릭해요.

03 [삽입] 탭-[이미지] 그룹-[그림(🖼)]-[온라인 그림]을 클릭하고 [온라인 그림] 창이 나타나면 '배경'을 검색하여 원하는 배경 이미지를 삽입해요.

04 이미지가 삽입되면 슬라이드 크기에 맞게 이미지 크기를 조절하고 **03**과 같은 방법으로 이미지를 추가해요.

 편지지의 배경과 어울리는 단어를 검색하여 이미지를 삽입해 보세요.

05 삽입된 이미지를 선택하고 [그림 서식] 탭-[조정] 그룹-[색]-[투명한 색 설정]을 클릭한 후 이미지의 배경색 부분을 클릭하여 투명하게 설정해요.

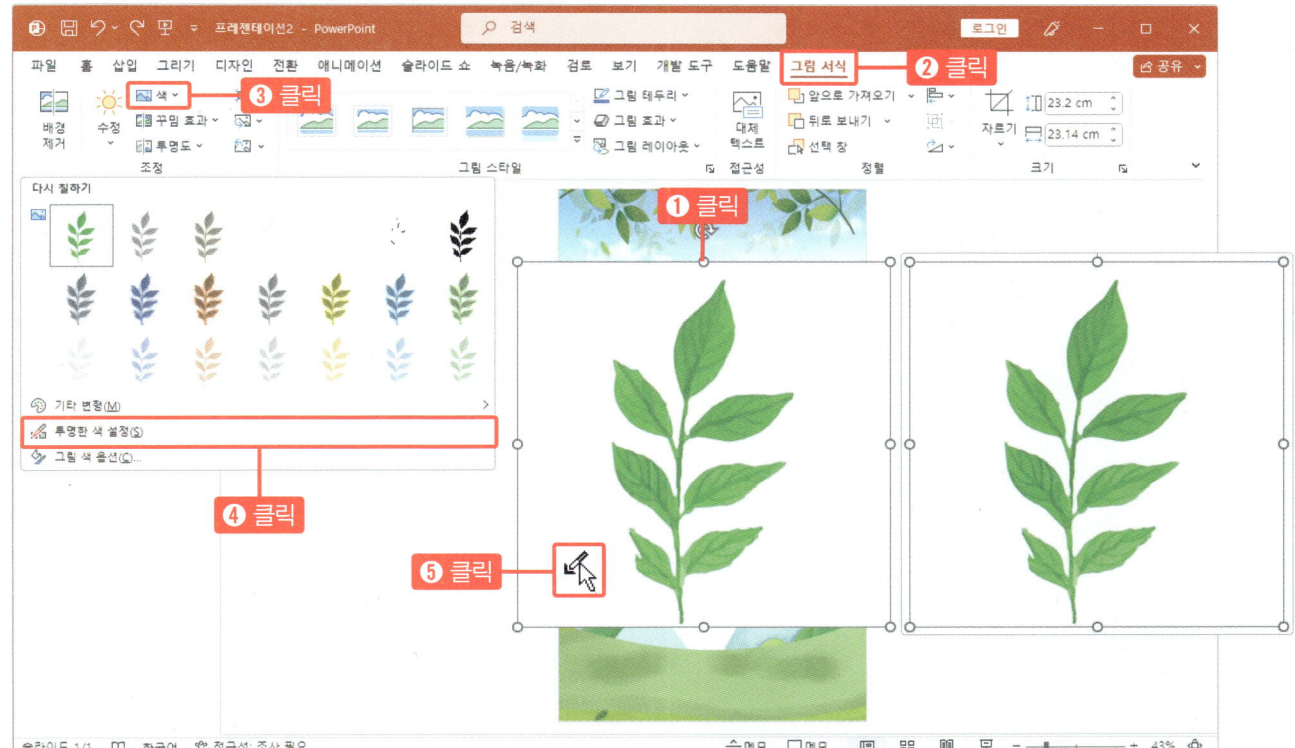

06 배경색이 투명해진 이미지의 크기와 위치를 조절해요.

07 Ctrl 키를 누른 상태로 이미지를 드래그하여 복제한 후 각도와 위치를 조절하여 편지지 배경을 꾸며요.

미션 02 선 모양 변경하여 편지지 완성하기

편지를 적을 선을 삽입하고 선의 모양을 변경하여 예쁜 편지지를 완성해 봐요.

01 [삽입] 탭-[일러스트레이션] 그룹-[도형( )]에서 '선(\)' 도형을 선택한 후 Shift 키를 누른 상태로 마우스를 드래그하여 선을 삽입해요.

02 [도형 서식] 탭-[도형 스타일] 그룹-[도형 윤곽선]을 클릭하여 선 색을 '검정, 텍스트 1'로 변경하고 [대시]-[긴 파선-점선]을 클릭한 후 선을 복제하여 편지지를 완성해요.

Step 12. 수리수리~ 마법의 편지지 만들기

생각 쏙쏙 실력 쏙쏙

▶ 예제 파일 : 없음   ▶ 완성 파일 : 12강 창의 완성.pptx

1 새 프레젠테이션을 실행하고 온라인 그림을 삽입하여 생일카드를 만들어 보세요.

짹짹힌트 '투명한 색 설정' 기능을 활용해 배경색을 투명하게 만들어요.

2 선을 삽입하고 모양을 변경하여 생일카드를 작성할 수 있는 공간을 만들어 보세요.

Step 13. 알록달록 나만의 휴대폰 케이스

오늘은 무엇을 배울까요?
- 이미지를 삽입하고 필요한 부분만 잘라 사용해요.
- 이미지에 그림 효과를 적용하여 휴대폰 케이스를 완성해요.

타자&마우스 놀이

1. 타닥타닥 사이트에 접속해 단어조합 게임을 실행해요.
2. 흩어져 있는 글자를 조합하여 하나의 단어를 만들어요.

파포 창작 놀이

● 예제 파일 : 13강 폴더   ● 완성 파일 : 13강 완성.pptx

1. 이미지를 삽입하고 필요한 부분만 잘라내요.
2. 잘라낸 이미지에 효과를 적용해 나만의 휴대폰 케이스를 완성해요.

 **여러 가지 단어 조합하며 타자 연습하기**

한컴 타자 연습을 한 후 타닥타닥 사이트에서 단어조합 게임을 하며 타자 연습을 해요.

01 타닥타닥 사이트(https://tadaktadak.co.kr)에 접속하여 단어조합 게임을 하며 타자 연습을 진행해 봐요.

❶ [Play게임]-[단어조합] 클릭하기

❷ [시작하기] 클릭하기

❸ 화면에 나타난 글자 조합하여 입력 후 Enter 키 누르기

❹ 게임 결과 확인하기

02 아래의 글자를 조합하여 2~3개로 된 단어 3개를 찾아 적어 보세요.

마	고	자	타	이	바	가	여
하	마	행	구	나	교	사	파
차	케	라	카	아	마	호	크

| 1 | | | 2 | | | 3 | |

미션 01 이미지 삽입하고 필요한 부분만 잘라내기

이미지를 삽입하고 필요한 부분만 잘라내 휴대폰 케이스를 꾸며봐요.

01 파워포인트 프로그램(🅿)을 실행한 후 [열기]-[찾아보기]를 클릭해 '13강 예제.pptx' 파일을 불러와요.

02 [삽입] 탭-[이미지] 그룹-[그림(🖼)]-[이 디바이스]를 클릭하여 '이모티콘.png' 파일을 불러와요.

03 필요한 부분만 잘라내기 위해 이미지를 선택하고 [그림 서식] 탭-[크기] 그룹-[자르기(⛏)]를 클릭한 후 그림에 자르기 영역이 나타나면 필요한 부분을 영역 지정해요.

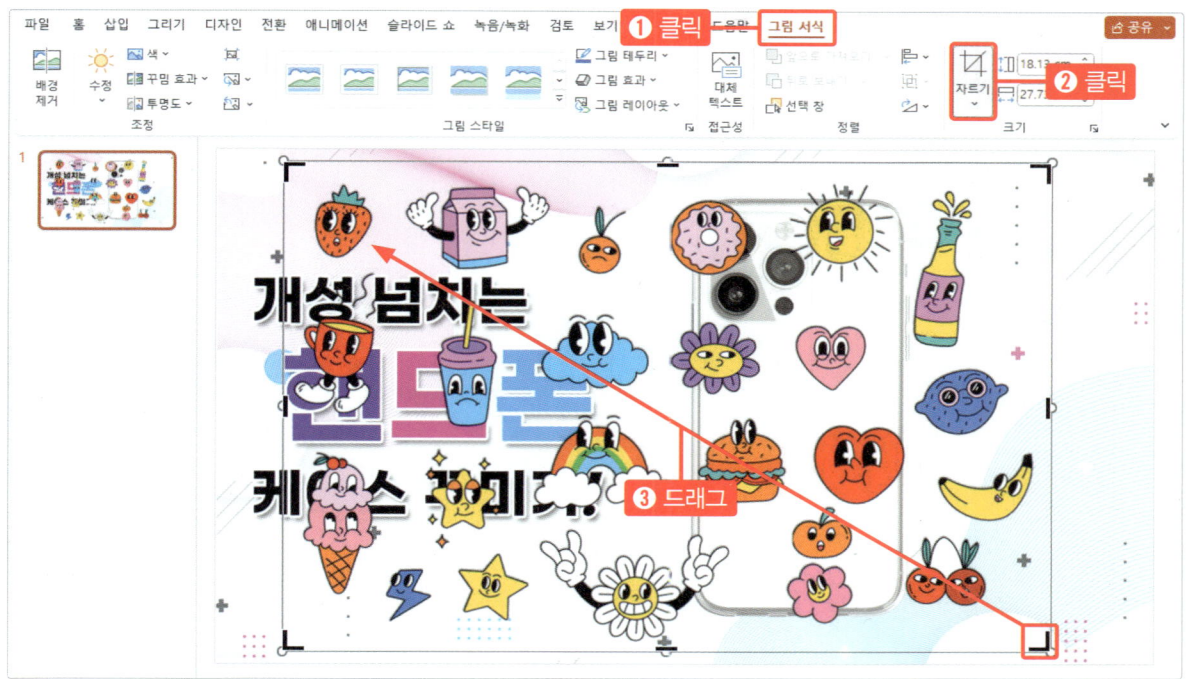

Step 13. 알록달록 나만의 휴대폰 케이스

04 자르기 영역 바깥쪽을 클릭하거나 다시 [자르기(⊐)]를 클릭하여 자르기를 완료해요.

05 이미지를 선택한 후 크기와 위치를 그림과 같이 조절해요.

06 02~05와 같은 방법으로 다시 '이모티콘.png' 파일을 불러와 필요한 부분을 잘라내 휴대폰 케이스를 꾸며요.

원본 이미지 확인 방법

잘린 이미지를 선택한 후 [그림 서식] 탭-[크기] 그룹-[자르기(┗┛)]를 다시 클릭하면 이미지를 자르기 전 원본 이미지를 확인할 수 있어요.

07 이미지의 정렬 순서를 변경하고 싶다면 이미지를 선택한 후 [홈] 탭-[그리기] 그룹-[정렬(🗗)]을 클릭하여 순서를 변경해요.

그림 효과 적용하여 휴대폰 케이스 완성하기

이미지에 네온 효과를 적용하여 반짝반짝 휴대폰 케이스를 완성해 봐요.

01 그림 효과를 적용할 이미지를 선택하고 [그림 서식] 탭-[그림 스타일] 그룹-[그림 효과]-[네온]을 선택한 후 원하는 네온 효과를 적용해요.

02 같은 방법으로 나머지 이미지에도 네온 효과를 적용하여 휴대폰 케이스를 완성해요.

생각 쏙쏙 실력 쏙쏙

▶ 예제 파일 : 13강 폴더   ▶ 완성 파일 : 13강 창의 완성.pptx

1 실습 파일을 불러와 이미지를 삽입해 다이어리를 꾸며 보세요.

짹짹힌트 '자르기' 기능을 이용하여 원하는 이미지를 잘라서 사용해요.

2 다양한 그림 효과를 적용하여 다이어리 꾸미기를 완성해 보세요.

Step 13. 알록달록 나만의 휴대폰 케이스

Step 14 냥냥 찰칵! 고양이 인생네컷

오늘은 무엇을 배울까요?

- 투명한 색 설정 기능을 이용해 배경을 투명하게 만들어요.
- 워드아트를 이용해 글자를 예쁘게 꾸며요.

1. 타닥타닥 사이트에 접속해요.
2. 한글받아쓰기를 하며 타자 연습을 해요.

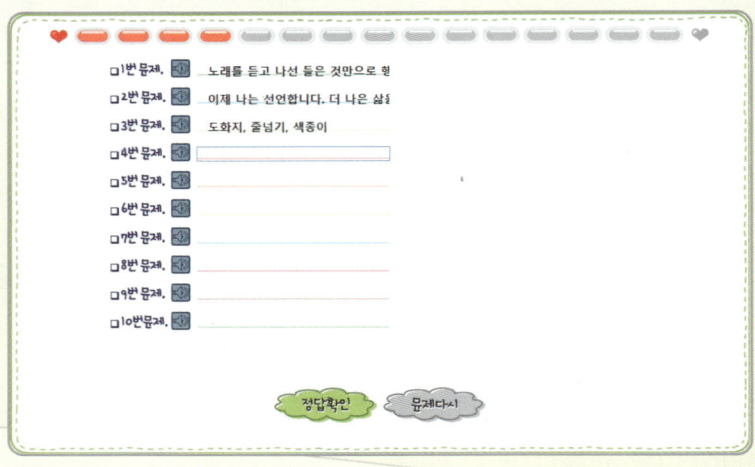

● 예제 파일 : 14강 폴더   ● 완성 파일 : 14강 완성.pptx

1. 도형을 그림으로 채워 인생네컷 배경을 꾸며요.
2. 이미지를 삽입하고 배경색을 투명하게 만들어요.
3. 워드아트를 이용해 고양이 인생네컷을 완성해요.

음성 듣고 받아쓰기 연습하기

한컴 타자 연습을 한 후 타닥타닥 사이트에서 한글받아쓰기를 하며 타자 연습을 해요.

01 타닥타닥 사이트(https://tadaktadak.co.kr)에 접속하여 한글받아쓰기를 하며 타자 연습을 진행해 봐요.

❶ [받아쓰기]-[한글받아쓰기] 클릭하기

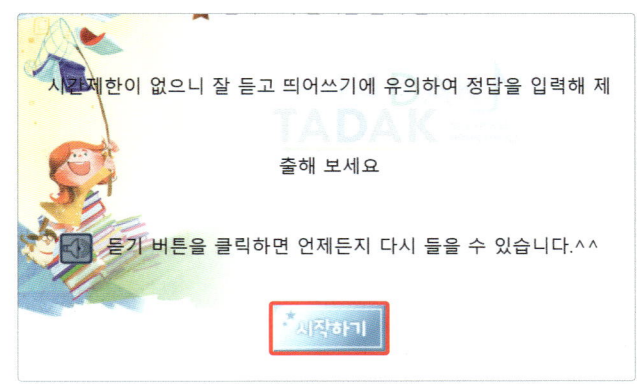

❷ [시작하기] 클릭하기

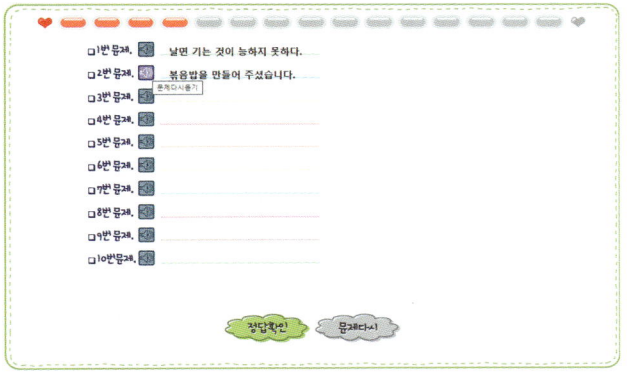

❸ [문제 듣기(🔊)] 클릭한 후 받아쓰기 하기

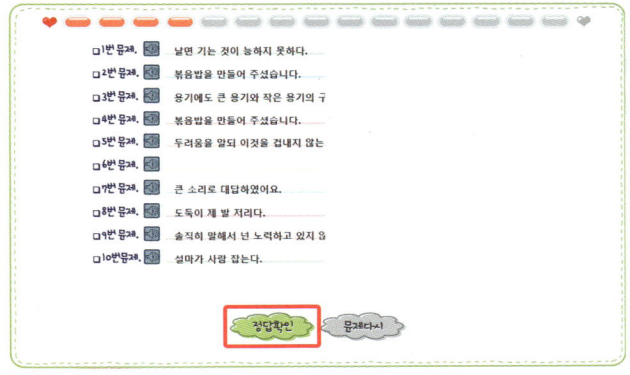

❹ [정답확인] 클릭하여 결과 확인하기

뭉이's tip

받아쓰기 문제를 들을 수 없는 환경인 경우 [낱말연습]-[한글낱말]을 클릭해 낱말 연습을 해봐요.

02 선생님이 읽어주는 문장을 받아 적어 보세요.

1	
2	
3	

Step 14. 냥냥 찰칵! 고양이 인생네컷

이미지 삽입하고 배경색 제거하기

도형을 그림으로 채우고 이미지를 삽입한 후 투명한 색 설정을 이용하여 배경색을 제거해 봐요.

01 파워포인트 프로그램(P)을 실행한 후 [열기]-[찾아보기]를 클릭해 '14강 예제.pptx' 파일을 불러와요.

02 [삽입] 탭-[일러스트레이션] 그룹-[도형(⊙)]에서 '직사각형(□)' 도형을 선택하여 인생네컷 틀을 만들어요.

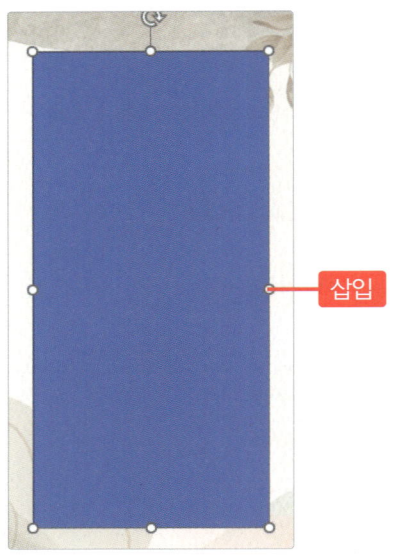

03 배경을 그림으로 채우기 위해 도형을 마우스 오른쪽 버튼으로 클릭한 후 [도형 서식]을 클릭하여 [도형 서식] 창이 나타나면 [채우기]-[그림 또는 질감 채우기]-[그림 원본]-[삽입]을 클릭하여 '배경.jpg' 파일을 삽입해요.

04 02와 같은 방법으로 '직사각형' 도형을 삽입하고 복제하여 4개의 사진 틀을 만들고 채우기 색을 변경해요.

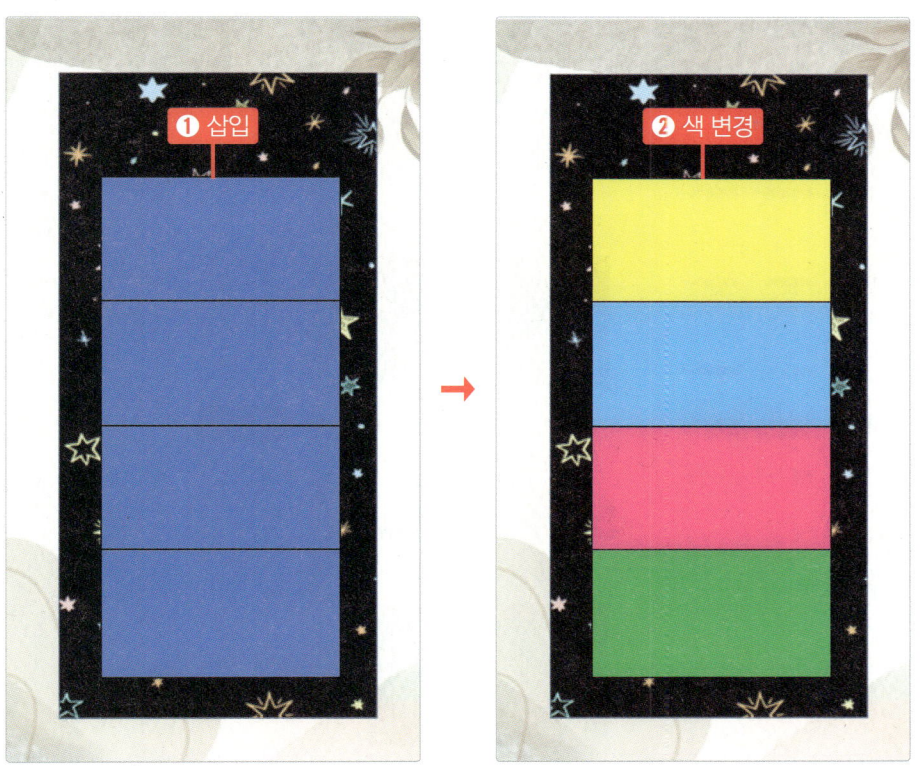

05 고양이 이미지를 삽입하기 위해 [삽입] 탭-[이미지] 그룹-[그림(🖼)]-[이 디바이스]를 클릭하고 '고양이1.jpg' 파일을 불러와요.

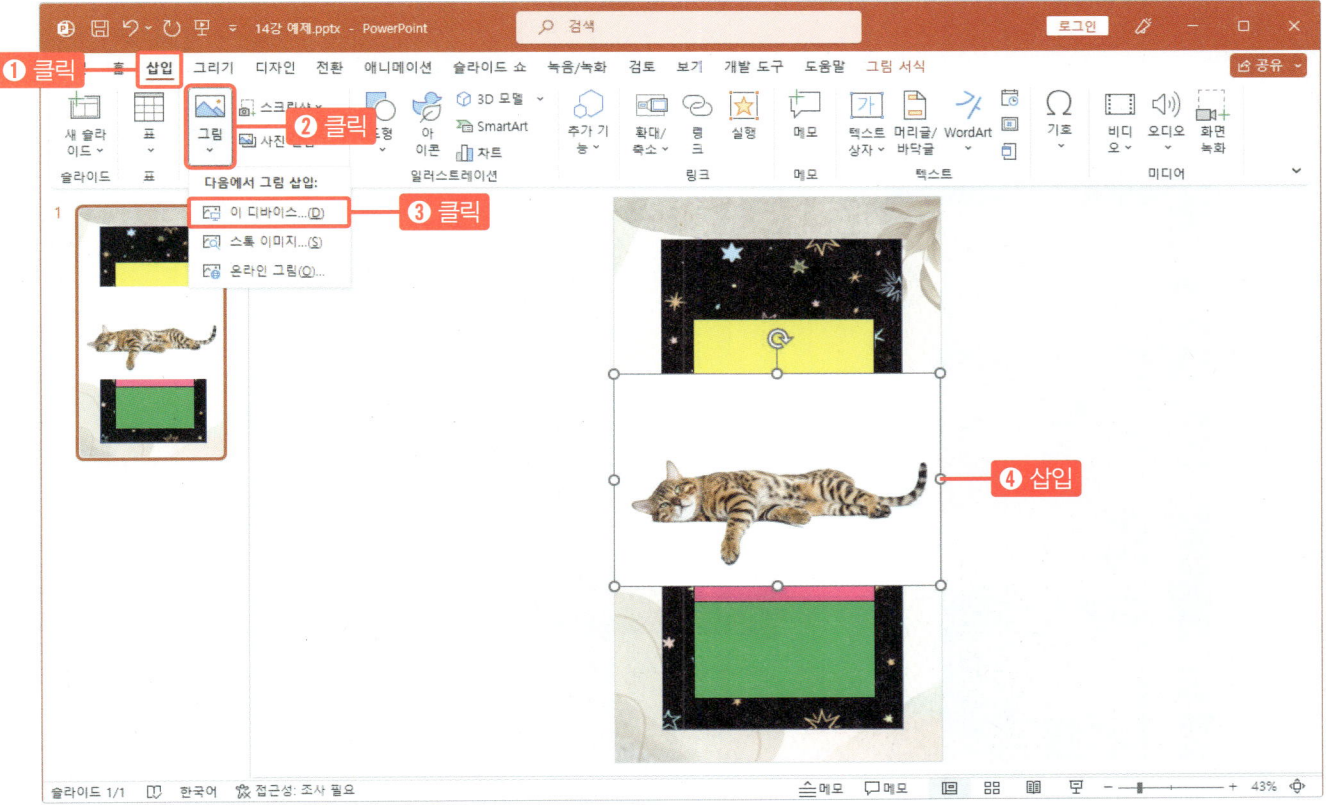

Step 14. 냥냥 찰칵! 고양이 인생네컷

06 [그림 서식] 탭-[조정] 그룹-[색]-[투명한 색 설정]을 클릭하고 이미지의 배경을 클릭하여 배경색을 없애요.

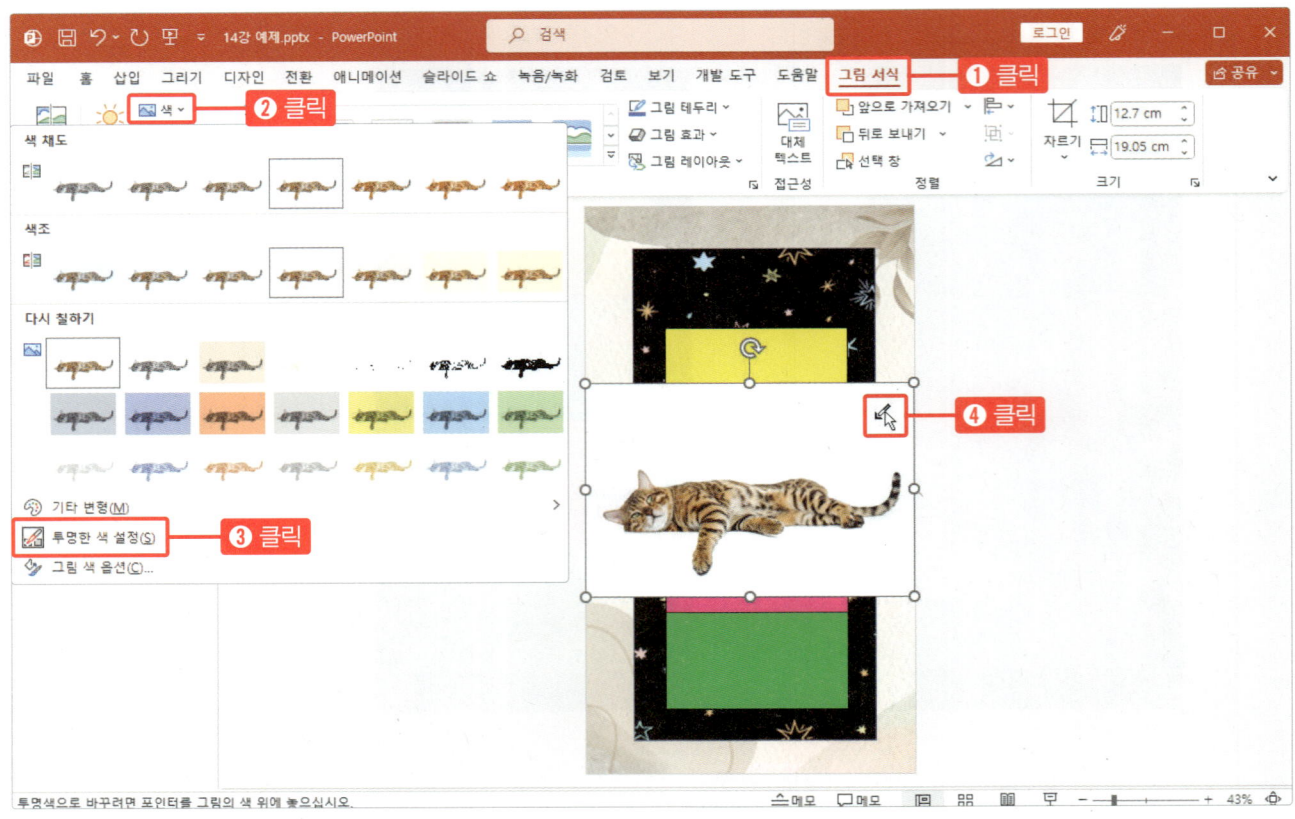

07 이미지의 크기와 위치를 첫 번째 사진 틀에 맞추어 조절하고 **05~06**과 같은 방법으로 나머지 고양이 이미지도 삽입하여 배경색을 없애요.

'투명한 색 설정' 기능은 1가지 색상만 투명하게 변경할 수 있어서 복잡한 이미지나 다양한 색이 사용된 이미지에서는 사용하기 힘들어요.

미션 02 워드아트 이용하여 글자 꾸미기

다양한 스타일의 워드아트를 삽입하여 고양이 인생네컷을 예쁘게 꾸며봐요.

01 [삽입] 탭-[텍스트] 그룹-[WordArt(✏️)]를 클릭하고 원하는 스타일을 선택해요.

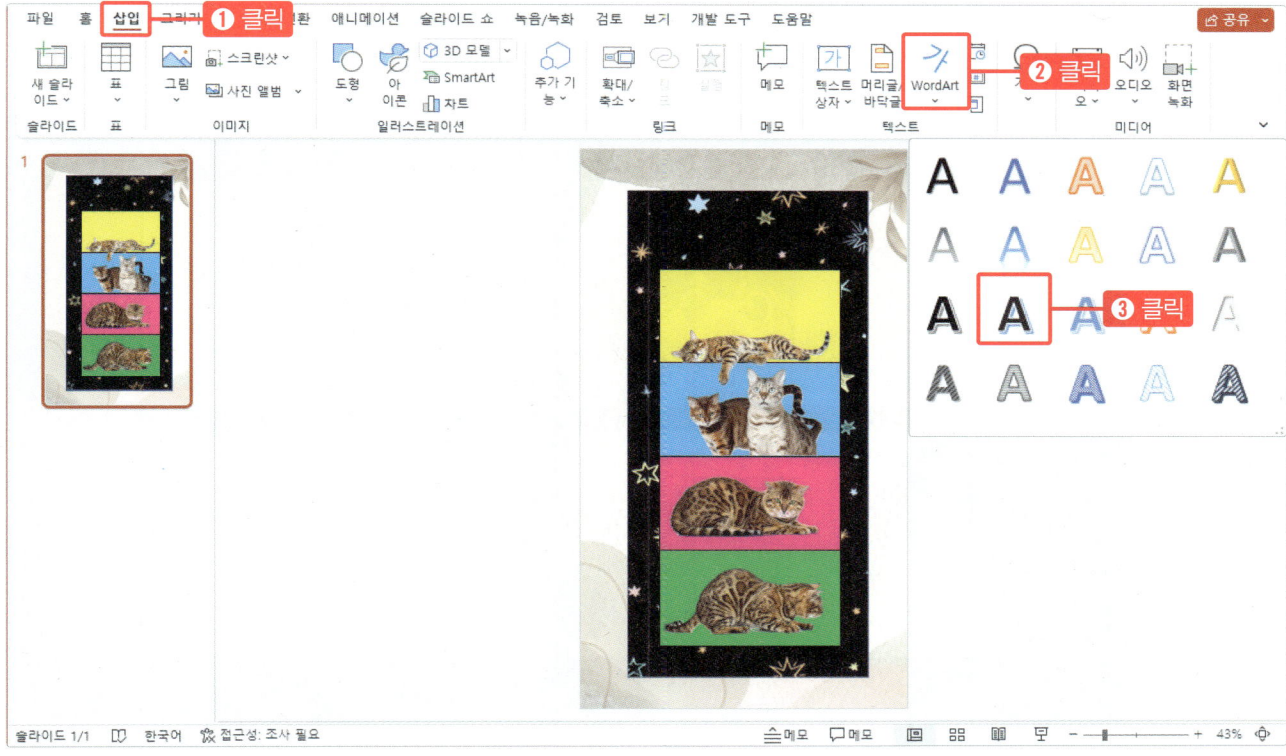

02 텍스트 상자가 삽입되면 글자('인생네컷')를 입력하고 글꼴, 크기, 위치를 조절한 후 같은 방법으로 고양이 이미지와 어울리는 대사를 입력해요.

 →

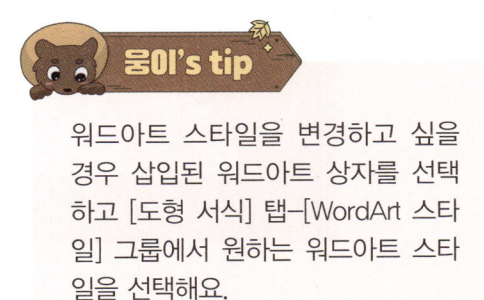

웅이's tip

워드아트 스타일을 변경하고 싶을 경우 삽입된 워드아트 상자를 선택하고 [도형 서식] 탭-[WordArt 스타일] 그룹에서 원하는 워드아트 스타일을 선택해요.

Step 14. 냥냥 찰칵! 고양이 인생네컷 **103**

생각 쏙쏙 실력 쑥쑥

▶ 예제 파일 : 14강 폴더 ▶ 완성 파일 : 14강 창의 완성.pptx

1 실습 파일을 불러와 투명한 색 설정 기능을 이용해 네 컷 만화를 만들어 보세요.

2 워드아트를 삽입하여 네 컷 만화를 완성해 보세요.

Step 15 여름꽁꽁 시원한 부채 만들기

오늘은 무엇을 배울까요?

- 도형을 그림으로 채우고 도형의 모양을 변경해요.
- 도형을 복제하고 다른 그림으로 채워 부채를 완성해요.

타자 & 마우스 놀이

1. 공룡 타자 연습 사이트에서 좀비 구구단 게임을 실행해요.
2. 좀비 위에 나타난 구구단 문제의 정답을 입력하며 타자 연습을 해요.

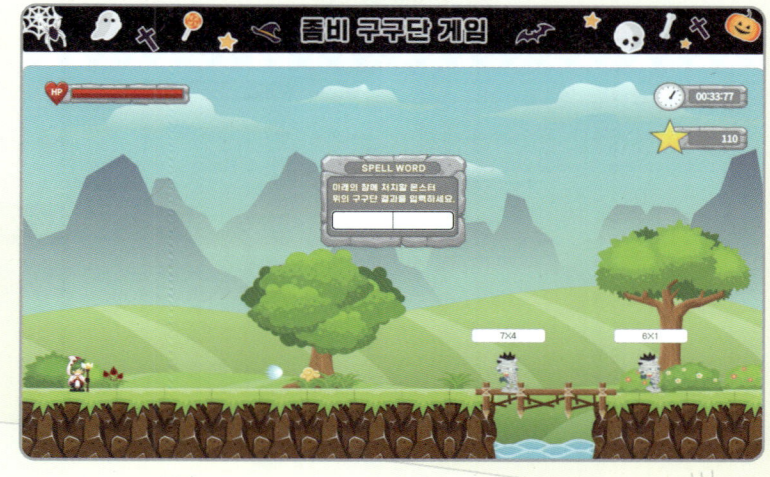

파포 창작 놀이

● 예제 파일 : 15강 폴더　　● 완성 파일 : 15강 완성.pptx

1. 도형을 그림으로 채우고 도형의 모양을 변경해요.
2. 도형을 복제하고 다른 그림으로 채워 시원한 부채를 완성해요.

Step 15. 여름꽁꽁 시원한 부채 만들기　105

좀비 구구단 게임으로 타자 연습하기

한컴 타자 연습을 한 후 공룡 타자 연습 사이트에서 좀비 타자 게임을 해요.

01 공룡 타자 연습 사이트(https://dino-typing.com)에 접속하여 좀비 타자 게임을 하며 타자 연습을 진행해 봐요.

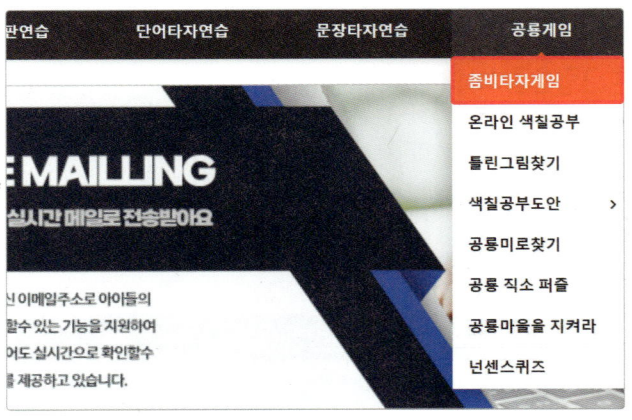

❶ [공룡게임]-[좀비타자게임] 클릭하기

❷ [구구단게임] 클릭하기

❸ 레벨 선택하기

❹ 좀비 위에 나타나는 구구단 문제 풀어 좀비 물리치기

02 공룡 타자 연습 결과에 나타난 '생명력', '몹처치', '스코어'를 기록해 봐요.

1차	생명력	몹처치	스코어

2차	생명력	몹처치	스코어

3차	생명력	몹처치	스코어

4차	생명력	몹처치	스코어

미션 01 그림으로 도형 채우고 모양 변경하여 부채 만들기

도형을 그림으로 채우고 도형의 모양을 변경하여 부채를 만들어 봐요.

01 파워포인트 프로그램( )을 실행한 후 [열기]-[찾아보기]를 클릭해 '15강 예제.pptx' 파일을 불러와요.

02 [삽입] 탭-[일러스트레이션] 그룹-[도형( )]에서 '타원( )' 도형을 선택하고 Shift 키를 누른 상태로 드래그하여 삽입해요.

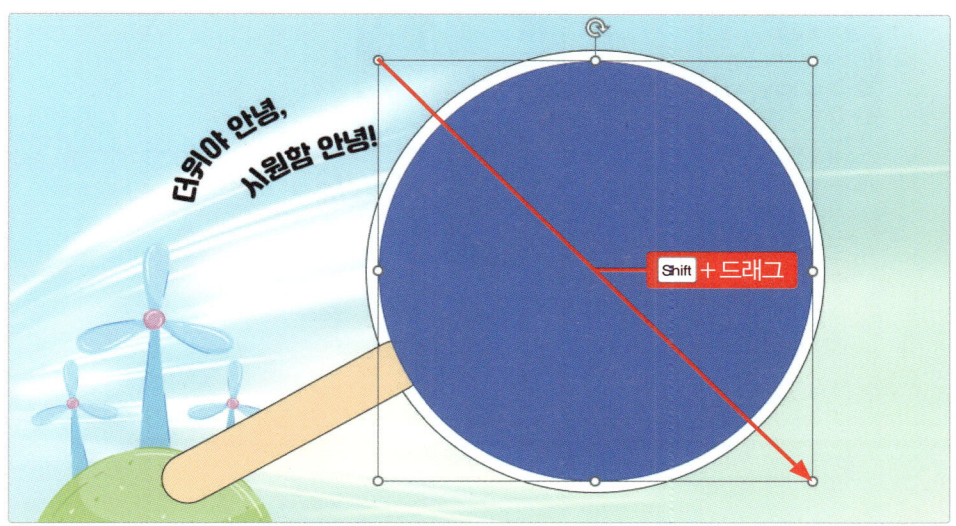

03 [도형 서식] 탭-[도형 채우기]-[그림]을 클릭하여 '여름1.jpg' 파일을 삽입하고 [도형 윤곽선]을 클릭하여 윤곽선 색을 '검정, 텍스트 1'로 지정해요.

Step 15. 여름꽁꽁 시원한 부채 만들기

04 이어서 [도형 삽입] 그룹-[도형 편집]-[도형 모양 변경]을 클릭하고 '부분 원형( )' 도형을 선택해요.

05 도형의 모양이 변경되면 '모양 조절점( )'을 드래그하여 그림과 같이 부채꼴 모양의 도형을 만들어요.

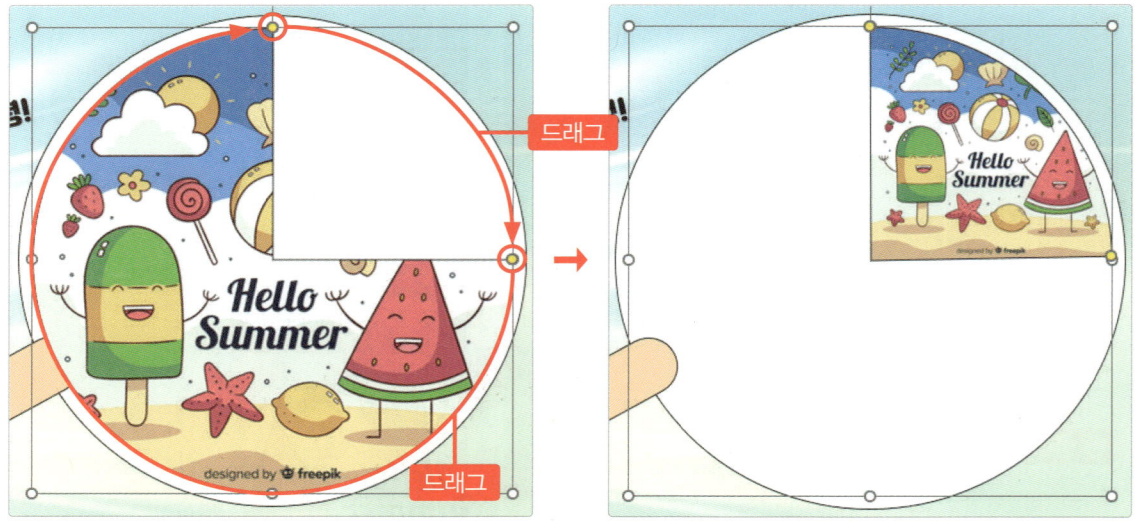

'모양 조절점'은 모든 도형에서 나타나지 않아요. [삽입] 탭-[일러스트레이션] 그룹-[도형( )] 목록에서 도형의 모양을 조절할 수 있는 도형들을 찾아 보세요.

06 Ctrl 키를 누른 상태로 도형을 드래그하여 복제한 후 '모양 조절점(○)'을 드래그하여 그림과 같이 도형의 모양을 변경하고 **03**과 같은 방법으로 '여름2.jpg' 파일을 삽입해요.

① Ctrl + 드래그
② 모양 변경 후 그림 채우기

07 같은 방법으로 도형의 모양을 변경하고 도형을 그림으로 채워 부채를 완성해요.

뭉이's tip

개체를 복사하는 다양한 방법
- Ctrl + C → Ctrl + V
- 마우스 오른쪽 버튼으로 개체 클릭한 후 [복사하기] → [붙여넣기]
- 개체 선택한 후 Ctrl 키 누른 상태로 드래그하기

생각 쏙쏙 실력 쏙쏙

▶ 예제 파일 : 15강 폴더   ▶ 완성 파일 : 15강 창의 완성.pptx

1. 실습 파일을 불러와 도형을 삽입하고 도형의 모양을 변경하여 생활 계획표를 만들어 보세요.

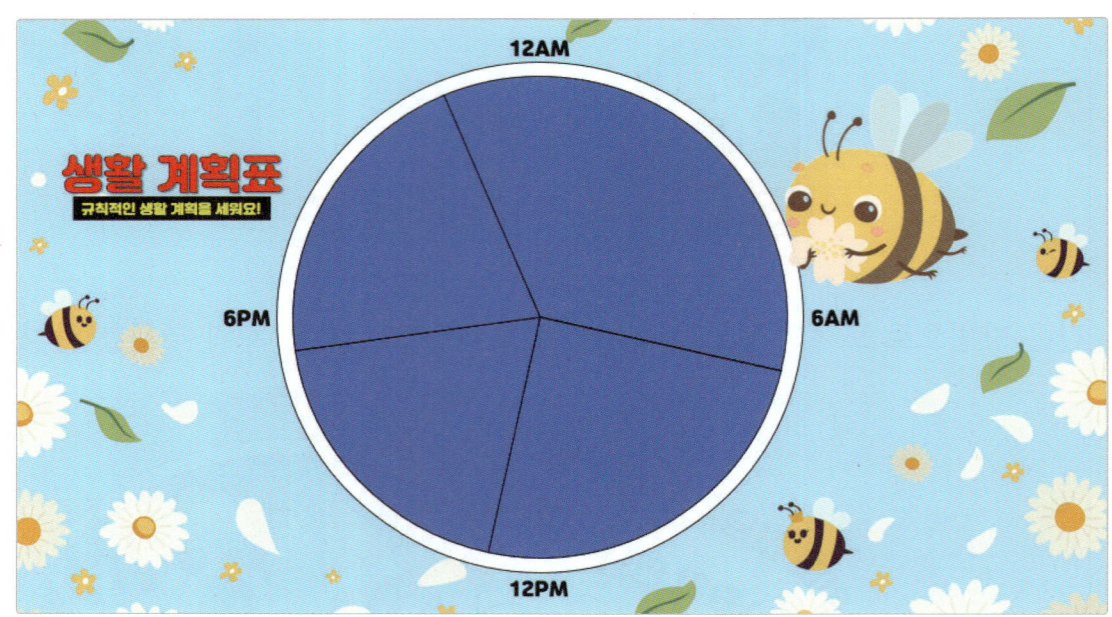

2. 도형을 그림으로 채워 생활 계획표를 완성해 보세요.

Step 16 나의 꿈은? 꿈이 담긴 명함 만들기

오늘은 무엇을 배울까요?

- 스포이트 툴을 이용해 도형의 색상을 변경해요.
- 글머리 기호를 적용해 나의 꿈 명함을 완성해요.

타자&마우스 놀이

1. 타자몽 프로그램을 실행하고 상식 과정을 실행해요.
2. 인물 상식 공부를 하며 타자 연습을 해요.

파포 창작 놀이

● 예제 파일 : 16강 폴더　● 완성 파일 : 16강 완성.pptx

1. 스포이트 툴을 이용해 도형의 색상을 변경해요.
2. 글머리 기호를 적용해 꿈이 담긴 명함을 완성해요.

홍길동

- 취미 : 과학실험
- 좋아하는 것 : 공룡
- 장래 나의 꿈 : 과학자
- 하고싶은 말 : 공룡을 다시 만나고 싶어요!

 **타자몽 프로그램에서 인물 공부하며 타자 연습하기**

한컴 타자 연습을 한 후 타자몽 프로그램에서 인물 공부를 하며 타자 연습을 해봐요.

01 '타자몽' 프로그램을 실행한 후 인물 공부를 하며 타자 연습을 해봐요.

❶ 타자몽 프로그램 실행하고 [공부타자] 클릭하기

❷ [상식과정] 클릭하기

❸ [인물] 주제 선택하고 [확인] 클릭하기

❹ 문장을 따라 입력하며 인물 공부하기

02 상식과정 타자 연습 결과를 확인하고 '현재타수', '정확도'를 기록해 봐요.

1차	현재타수	정확도

2차	현재타수	정확도

3차	현재타수	정확도

4차	현재타수	정확도

미션 01 스포이트 툴 이용하여 도형 색상 변경하기

이미지와 도형을 삽입하고 스포이트 툴을 이용하여 도형의 색상을 변경해 봐요.

01 파워포인트 프로그램( )을 실행한 후 [열기]-[찾아보기]를 클릭해 '16강 예제.pptx' 파일을 불러와요.

02 [삽입] 탭-[이미지] 그룹-[그림( )]-[이 디바이스]를 클릭하고 '공룡', '하트' 파일을 삽입한 후 크기와 위치를 조절해요.

03 이어서 [삽입] 탭-[일러스트레이션] 그룹-[도형( )]에서 '액자( )' 도형을 선택하여 그림과 같이 삽입하고 '모양 조절점( )'을 드래그하여 그림과 같이 두께를 변경해요.

Step 16. 나의 꿈은? 꿈이 담긴 명함 만들기

04 '액자' 도형을 선택하고 [도형 서식] 탭-[도형 채우기]-[스포이트]를 클릭하여 마우스 커서가 ' ' 모양으로 변경되면 '공룡'의 얼굴을 클릭해요.

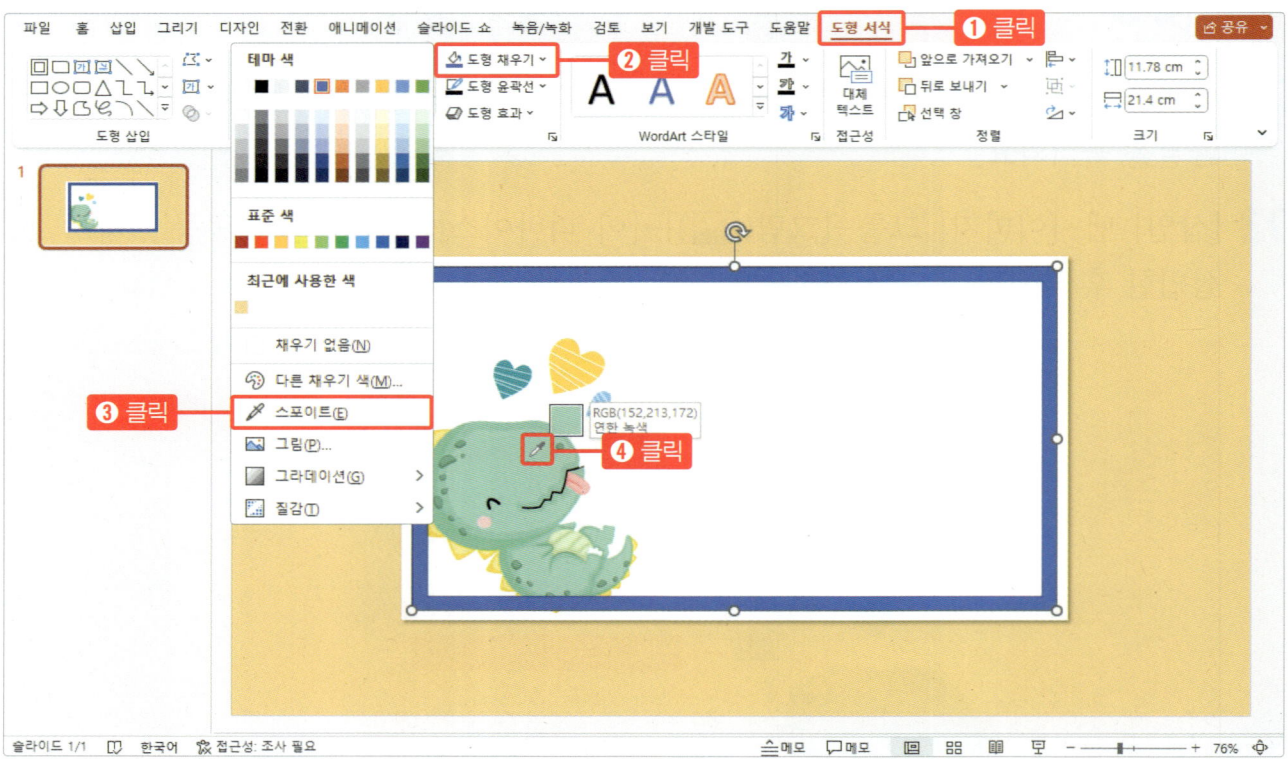

05 [도형 윤곽선]-[윤곽선 없음]을 클릭하고 '공룡'을 마우스 오른쪽 버튼으로 클릭한 후 [맨 앞으로 가져오기]를 클릭하여 순서를 변경해요.

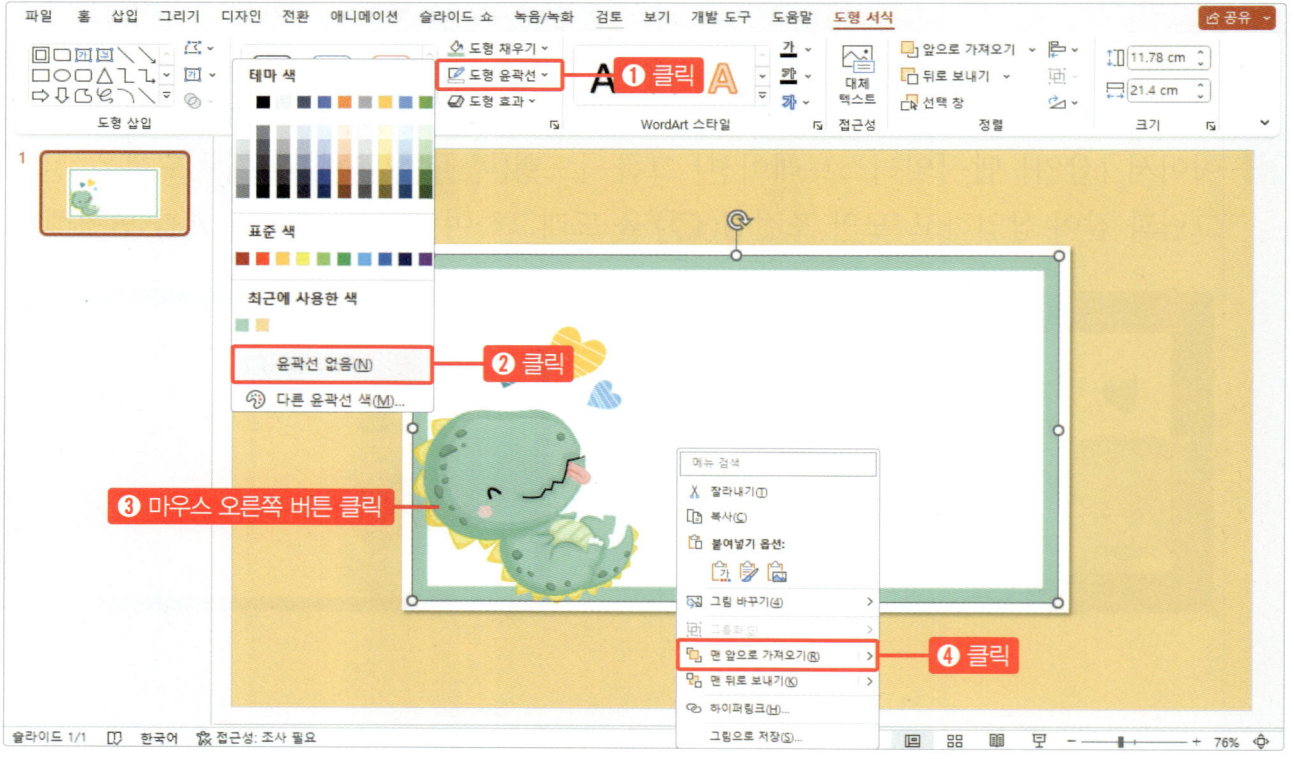

미션 02 : 글머리 기호 이용하여 나의 꿈 명함 완성하기

글자를 입력하고 글머리 기호를 적용하여 나의 꿈 명함을 완성해 봐요.

01 [삽입] 탭-[텍스트] 그룹-[텍스트 상자(가)]-[가로 텍스트 상자 그리기]를 클릭하여 텍스트 상자를 삽입한 후 명함의 내용을 입력하고 글자 서식을 지정해요.

02 글머리 기호를 적용하기 위해 '홍길동' 글자를 제외한 모든 글자를 드래그하여 영역 지정하고 [홈] 탭-[단락] 그룹-[글머리 기호(≡)]-[속이 찬 둥근 글머리 기호]를 클릭해요.

뭉이's tip

글자를 영역 지정하고 마우스 오른쪽 버튼을 클릭한 후 [글머리 기호]를 클릭해도 글머리 기호를 적용할 수 있어요.

생각 쑥쑥 실력 쑥쑥

▶ 예제 파일 : 16강 폴더   ▶ 완성 파일 : 16강 창의 완성.pptx

1 실습 파일을 불러와 이미지와 도형을 이용하여 효도 쿠폰 배경을 만들어 보세요.

짹짹힌트 '스포이트 툴'을 이용해 '액자' 도형의 색상을 변경해요.

2 텍스트 상자와 글머리 기호를 이용하여 효도 쿠폰 내용을 입력해 보세요.

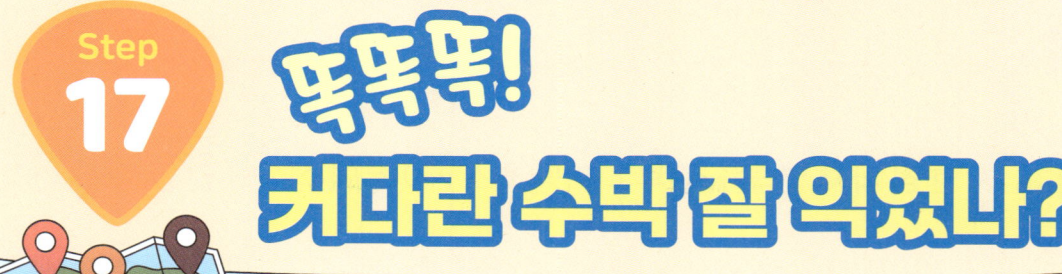

Step 17 똑똑똑! 커다란 수박 잘 익었나?

오늘은 무엇을 배울까요?

- 도형을 그라데이션으로 채워요.
- 곡선을 이용해 수박 줄무늬를 만들어요.

1. 타이핑 웍스 사이트에 접속해요.
2. 긴 글 타자 연습을 해요.

● 예제 파일 : 17강 폴더   ● 완성 파일 : 17강 완성.pptx

1. 도형을 그라데이션으로 채워 수박 모양을 만들어요.
2. 곡선 도형을 이용해 수박의 줄무늬를 만들어요.

타이핑 웍스 사이트에서 긴 글 타자 연습하기

한컴 타자 연습을 한 후 타이핑 웍스 사이트에 접속해 긴 글 타자 연습을 해봐요.

01 타이핑 웍스 사이트(https://typing.works)에 접속해 긴 글 타자 연습을 해봐요.

❶ 타이핑 웍스 사이트 접속하기

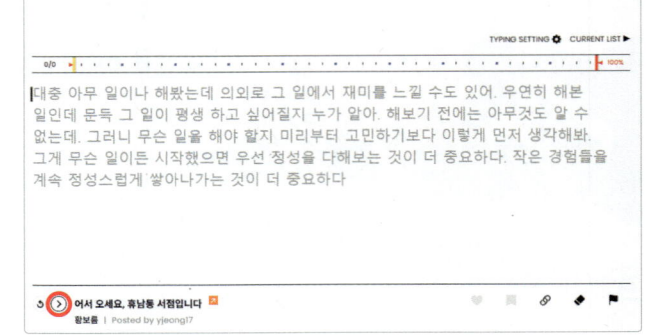

❷ 연습할 문장 선택하기

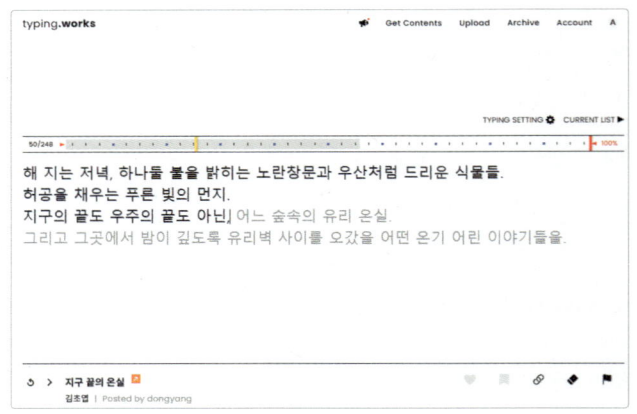

❸ 나타난 문장 입력하며 타자 연습하기

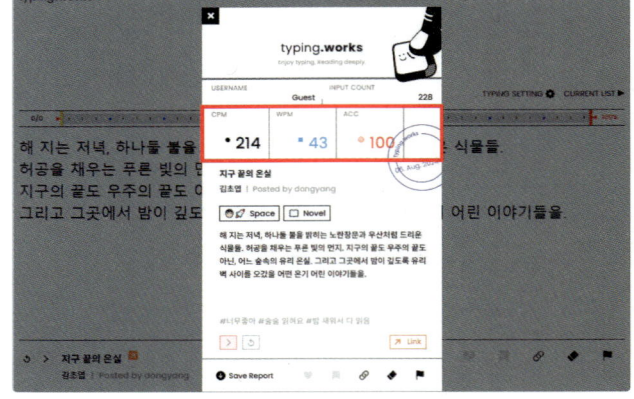

❹ 타자 연습 결과 확인하기

02 타자 연습 결과를 확인하고 'CPM(분당 타수)', 'WPM(분당 단어 수)', 'ACC(정확도)'를 기록해 봐요.

	CPM	WPM	ACC
1차			

	CPM	WPM	ACC
2차			

	CPM	WPM	ACC
3차			

	CPM	WPM	ACC
4차			

도형 그라데이션으로 채워 수박 모양 만들기

도형을 삽입하고 도형을 그라데이션으로 채워 수박 모양을 만들어 봐요.

01 파워포인트 프로그램(P)을 실행한 후 [열기]-[찾아보기]를 클릭해 '17강 예제.pptx' 파일을 불러와요.

02 [삽입] 탭-[일러스트레이션] 그룹-[도형]에서 '타원(○)' 도형을 선택하여 그림과 같이 원을 그려요.

03 '타원' 도형을 선택하고 [도형 서식] 탭-[도형 스타일] 그룹-[도형 채우기]-[녹색, 강조 6, 25% 더 어둡게]를 클릭해요.

Step 17. 똑똑똑! 커다란 수박 잘 익었니?

04 도형의 색상이 변경되면 [도형 윤곽선]-[윤곽선 없음]을 클릭해요.

05 이어서 [도형 채우기]-[그라데이션]-[어두운 그라데이션]-[선형 대각선 - 오른쪽 위에서 왼쪽 아래로]를 클릭해요.

웅이's tip

수박과 어울리는 다른 종류의 그라데이션을 적용해도 좋아요.

곡선 이용하여 수박 줄무늬 만들기

곡선 도형을 이용하여 수박 줄무늬를 만들고 줄무늬의 색과 두께를 조절해 봐요.

01 [삽입] 탭-[일러스트레이션] 그룹-[도형( )]에서 '곡선( )' 도형을 선택하고 그림과 같이 수박 줄무늬를 그려요.

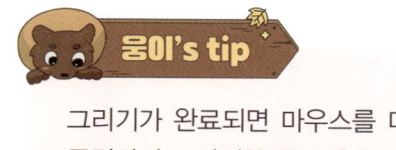

그리기가 완료되면 마우스를 더블 클릭하여 그리기를 종료해요.

02 [도형 서식] 창에서 [채우기 및 선]-[선]을 클릭한 후 색을 '검정, 텍스트 1'로, 너비를 '15 pt'로 변경해요. 이어서 같은 방법으로 수박 줄무늬를 완성해요.

03 앞서 배운 내용을 바탕으로 3통의 수박을 완성해 보세요.

완성한 수박을 복사하여 사용하면 더욱 빠르게 작업할 수 있어요.

생각 쏙쏙 실력 쑥쑥

▶ 예제 파일 : 17강 폴더   ▶ 완성 파일 : 17강 창의 완성.pptx

1 실습 파일을 불러와 도형을 이용하여 핫도그 모양을 그린 후 핫도그의 색을 표현해 보세요.

쫙쫙힌트 도형을 그라데이션으로 채워 핫도그의 색상을 실감나게 표현해요.

2 곡선 도형을 활용하여 핫도그에 맛있는 소스를 뿌려 보세요.

122 또롱또롱 처음 배우는 파포 2021

Step 18 화목한 우리 가족 소개하기

오늘은 무엇을 배울까요?

- 이미지를 삽입하고 도형에 맞춰 잘라내요.
- 선으로 이미지를 연결해 우리집 가계도를 완성해요.

1. 나만의 방을 어떻게 꾸밀지 생각해요.
2. 가구를 드래그하여 방을 꾸미며 마우스 연습을 해요.

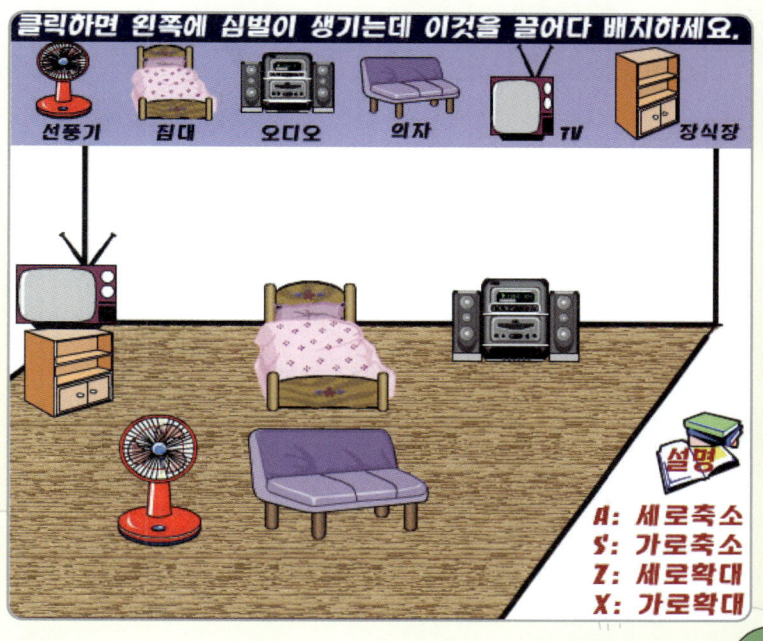

● 예제 파일 : 18강 폴더   ● 완성 파일 : 18강 완성.pptx

1. 이미지를 삽입하고 도형의 모양에 맞게 이미지를 잘라내요.
2. 선으로 이미지를 연결해 우리집 가계도를 완성해요.

Step 18. 화목한 우리 가족 소개하기 **123**

방 꾸미기로 마우스 연습하기

방 꾸미기 프로그램에서 방을 꾸미며 마우스 연습을 해봐요.

'18강 마우스 연습.exe' 파일을 실행하고 방을 꾸미며 마우스 연습을 해봐요.

❶ 오른쪽 상단에서 원하는 가구 선택하기

❷ 왼쪽 상단에서 선택한 가구 확인하기

❸ 가구 드래그하여 원하는 곳에 배치하기

❹ 나만의 방 완성하기

가구 조작 방법

- 오른쪽 회전 : ▲
- 왼쪽 회전 : ▼
- 가구 삭제 : ■
- 세로 크기 축소 : A 키
- 가로 크기 축소 : S 키
- 세로 크기 확대 : Z 키
- 가로 크기 확대 : X 키

미션 01 이미지 삽입하고 도형에 맞춰 잘라내기

이미지를 삽입하고 타원 도형 모양에 맞게 이미지를 잘라내 봐요.

01 파워포인트 프로그램( )을 실행한 후 [열기]-[찾아보기]를 클릭해 '18강 예제.pptx' 파일을 불러와요.

02 [삽입] 탭-[일러스트레이션] 그룹-[그림( )]-[이 디바이스]를 클릭하여 '부모님.jpg' 파일을 불러와요.

03 '부모님' 이미지를 선택하고 [그림 서식] 탭-[크기] 그룹-[자르기( )]-[도형에 맞춰 자르기]를 클릭한 후 '타원( )' 도형을 클릭하고 크기와 위치를 조절해요.

Step 18. 화목한 우리 가족 소개하기

미션 02 선으로 이미지 연결하여 가계도 완성하기

연결선 도형을 이용하여 이미지를 연결해 봐요.

01 앞서 배운 방법으로 '언니', '오빠', '나' 파일을 불러와 그림과 같이 만들어요.

02 '부모님' 이미지를 선택하고 [삽입] 탭-[일러스트레이션] 그룹-[도형(⬚)]을 클릭한 후 '연결선: 꺾임(⎣)' 도형을 클릭해요.

126 또롱또롱 처음 배우는 파포 2021

03 '부모님' 이미지에 마우스를 올리면 나타나는 회색 점(●)을 클릭한 상태로 '언니' 이미지의 회색 점까지 드래그하여 선을 연결해요.

04 02~03과 같은 방법으로 그림과 같이 선을 연결해요.

05 왼쪽 '연결선' 도형을 선택하고 [도형 서식] 탭-[도형 스타일] 그룹-[테마 스타일]-[강한 선 - 강조 4]를 클릭해요.

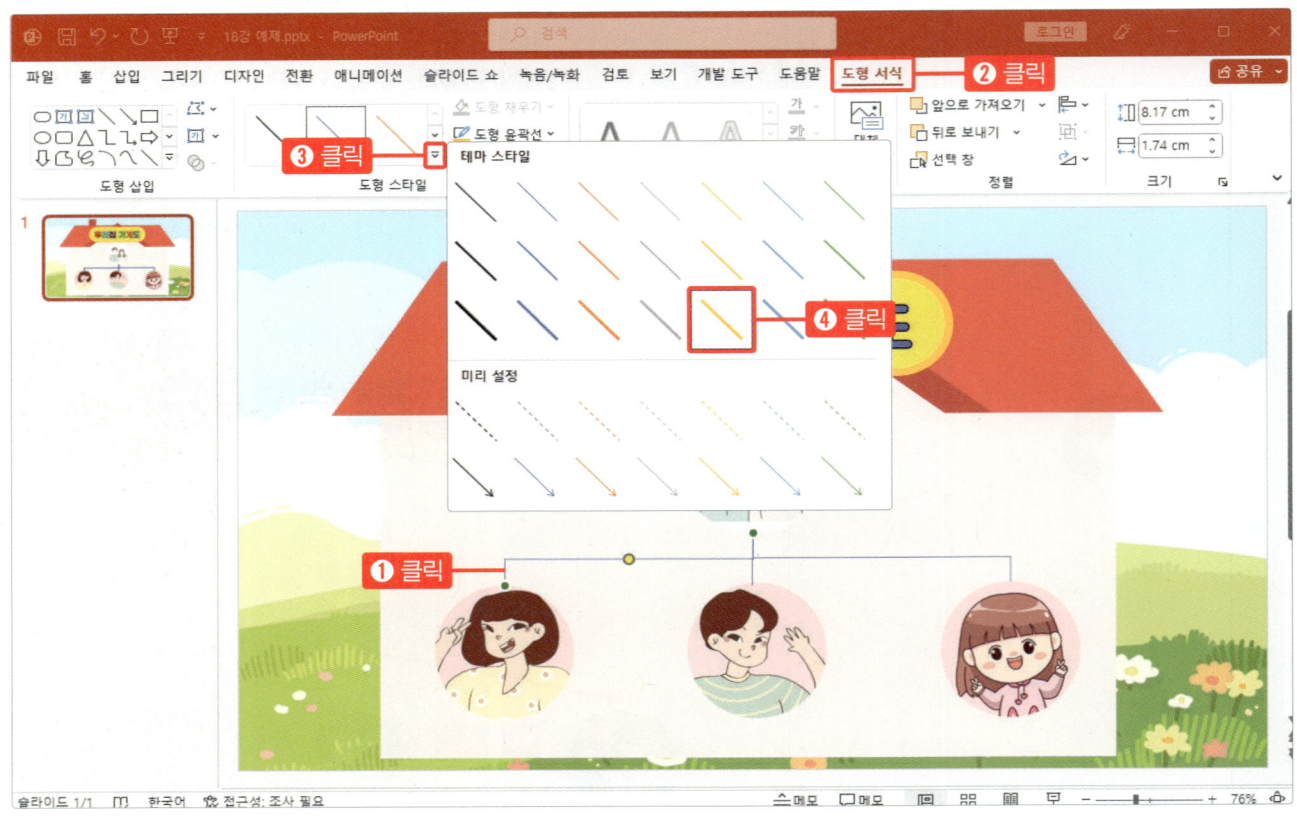

06 같은 방법으로 나머지 '연결선' 도형도 스타일을 적용하여 우리집 가계도를 완성해 보세요.

생각 쏙쏙 실력 쏙쏙

▶ 예제 파일 : 18강 폴더   ▶ 완성 파일 : 18강 창의 완성.pptx

1 실습 파일을 불러와 이미지를 삽입하여 생태계 먹이사슬을 만들어 보세요.

짹짹힌트 이미지를 삽입하고 '육각형' 도형에 맞게 잘라내요.

2 연결선을 이용하여 생태계 먹이사슬을 완성해 보세요.

Step 18. 화목한 우리 가족 소개하기

Step 19 새콤달콤 과일 빙고 게임

오늘은 무엇을 배울까요?
- 특수문자를 입력하고 글자 서식을 지정해요.
- 표를 삽입하고 셀 배경을 이미지로 채워요.

타자&마우스 놀이

1. 공룡 타자 연습 사이트에 접속해 한글 단어 연습을 실행해요.
2. 공룡이 알려주는 단어를 입력하며 타자 연습을 해요.

● 예제 파일 : 19강 폴더   ● 완성 파일 : 19강 완성.pptx

파포 창작 놀이

1. 표를 삽입하고 스타일을 변경해 과일 빙고 판을 만들어요.
2. 셀을 이미지로 채워 과일 빙고 판을 완성해요.

공룡 타자 연습 사이트에서 타자 연습하기

한컴 타자 연습을 한 후 공룡 타자 연습 사이트에서 타자 연습을 해봐요.

01 공룡 타자 연습 사이트(https://dino-typing.com)에 접속하여 한글 단어 타자 연습을 진행해 봐요.

❶ [단어타자연습]-[한글단어 타자연습] 클릭하기

❷ [시작하기] 클릭하기

❸ 입력창에 단어 입력하며 타자 연습하기

❹ 타자 연습 결과 확인하기

02 공룡 타자 연습 결과에 나타난 '획득점수', '연습시간', '정답률'을 기록해 봐요.

1차	획득점수	연습시간	정답률
	점	초	%

2차	획득점수	연습시간	정답률
	점	초	%

3차	획득점수	연습시간	정답률
	점	초	%

4차	획득점수	연습시간	정답률
	점	초	%

미션 01 이미지로 셀 배경 채워 과일 빙고 판 만들기

표를 삽입하고 이미지로 셀 배경을 채워 과일 빙고 판을 만들고 빙고 게임을 진행해 봐요.

01 파워포인트 프로그램( )을 실행한 후 [열기]-[찾아보기]를 클릭해 '19강 예제.pptx' 파일을 불러와요.

02 제목 입력란을 클릭하고 특수기호를 삽입하기 위해 "ㅁ"을 입력하고 [한자] 키를 눌러 '♥'를 찾아 선택한 후 게임 이름을 입력해요.

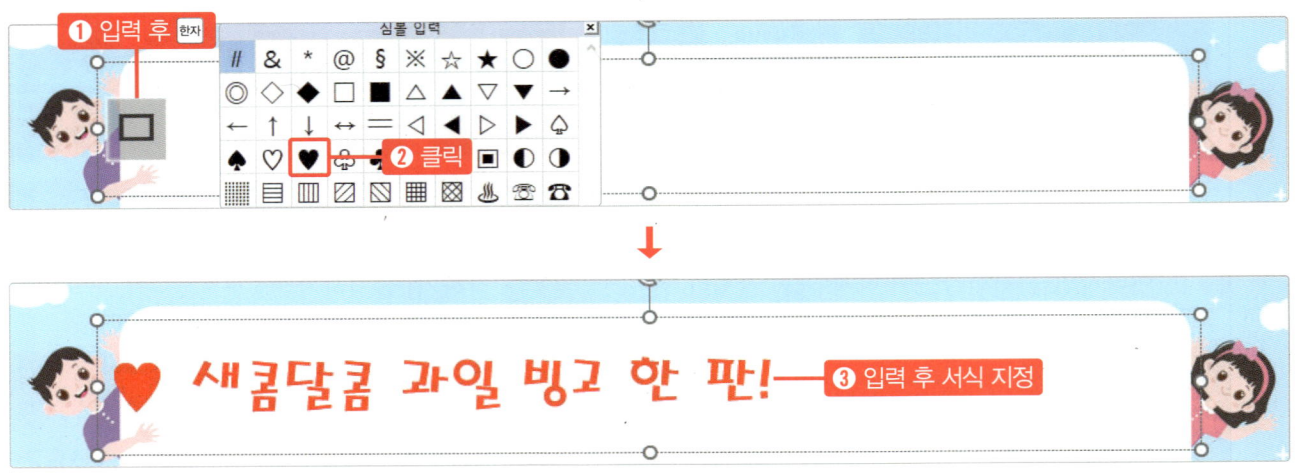

03 내용 입력란의 표 아이콘(⊞)을 클릭하여 [표 삽입] 창이 나타나면 열 개수('4')와 행 개수 ('4')를 지정하고 [확인]을 클릭해요.

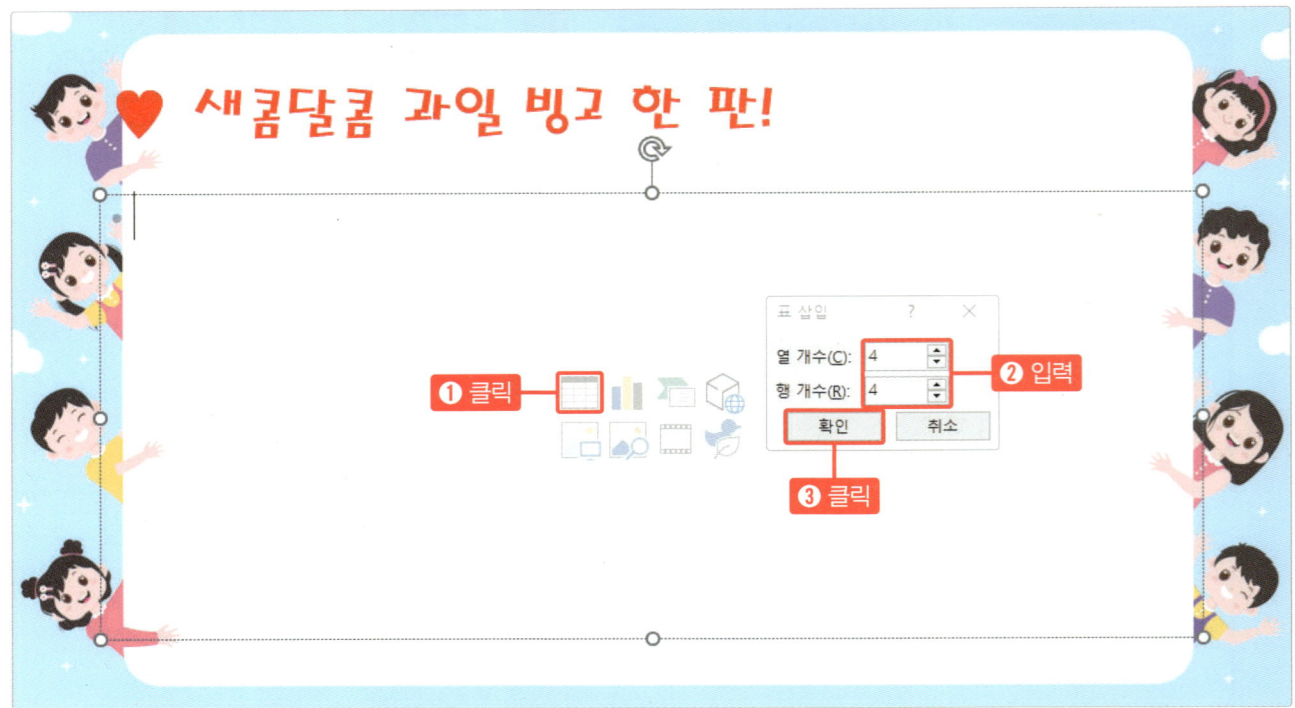

04 표가 삽입되면 표를 선택하고 [테이블 디자인] 탭-[표 스타일] 그룹-[스타일 없음, 표 눈금]을 클릭한 후 표의 크기와 위치를 조절해요.

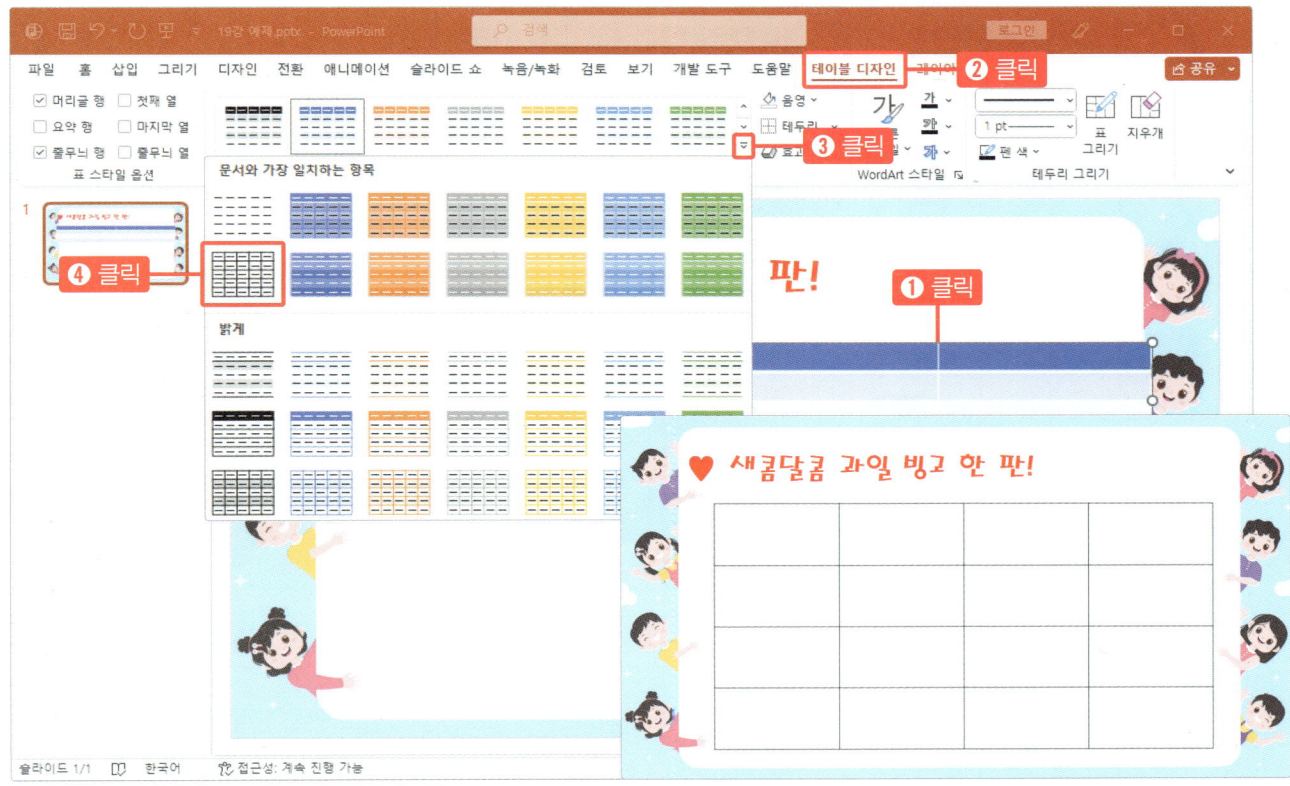

05 첫 번째 셀을 클릭하고 [테이블 디자인] 탭-[표 스타일] 그룹-[음영]-[그림]을 클릭한 후 [그림 삽입] 창이 나타나면 '딸기.png' 파일을 삽입해요.

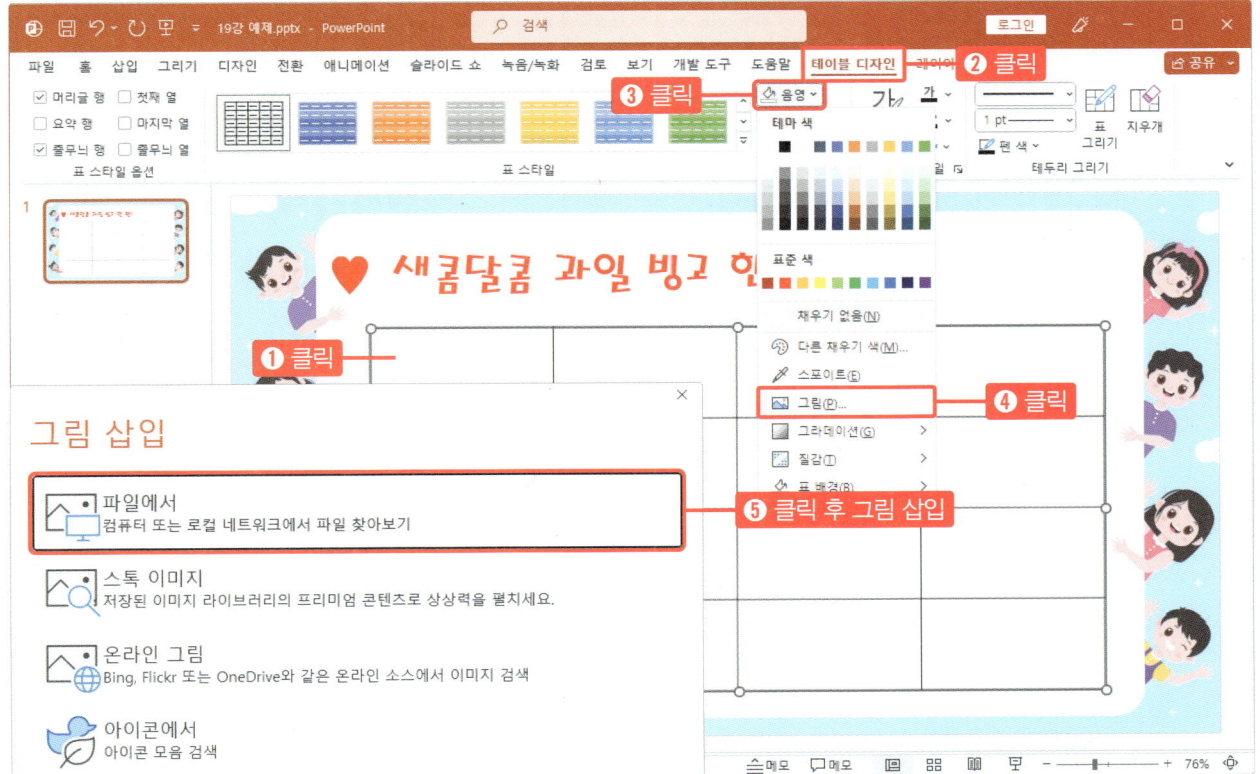

06 05와 같은 방법으로 모든 셀에 각각 과일 이미지를 삽입해 빙고 판을 만들어요.

 친구들과 빙고 게임을 할 수 있도록 이미지를 임의의 순서대로 삽입해 빙고 판을 만들어요.

07 빙고 판이 완성되면 친구들과 빙고 게임을 진행해요. 선택된 셀은 [테이블 디자인] 탭-[표 스타일] 그룹-[음영]-[흰색, 배경 1, 50% 더 어둡게]를 선택하여 빙고를 완성해요.

생각 쑥쑥 실력 쑥쑥

▶ 예제 파일 : 19강 폴더   ▶ 완성 파일 : 19강 창의 완성.pptx

1. 실습 파일을 불러와 표를 삽입하여 이미지 퍼즐 판을 만들어 보세요.

짹짹힌트 열 개수('5'), 행 개수('4') 표를 삽입해요.

2. 셀 배경을 이미지로 채워 이미지 퍼즐 판을 완성해 보세요.

Step 19. 새콤달콤 과일 빙고 게임

Step 20 장난감 쇼핑몰 CEO되기

오늘은 무엇을 배울까요?

- 이미지를 삽입하여 나만의 장난감 쇼핑몰 페이지를 꾸며요.
- 하이퍼링크를 이용하여 이미지에 쇼핑몰 사이트를 연결해요.

 타자&마우스 놀이

1. 타자몽 프로그램을 실행하고 교육과정을 실행해요.
2. 영어와 한글을 입력하며 타자 연습을 해요.

 파포 창작 놀이

● 예제 파일 : 20강 폴더   ● 완성 파일 : 20강 완성.pptx

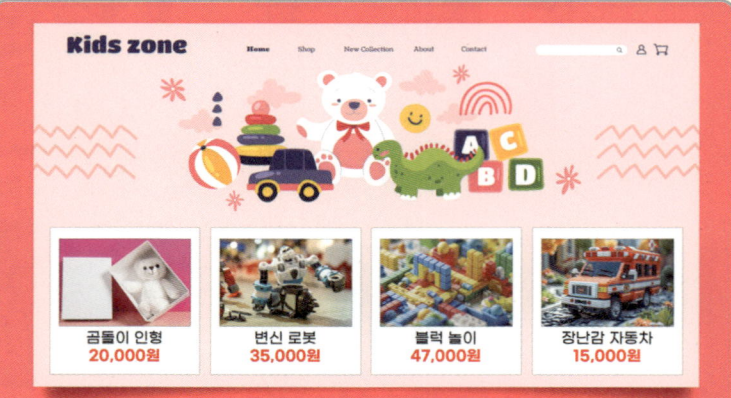

1. 이미지를 삽입하고 쇼핑몰 페이지를 만들어요.
2. 이미지에 하이퍼링크를 연결해 쇼핑몰로 이동해요.

 **타자몽 프로그램에서 영어와 한글 타자 연습하기**

한컴 타자 연습을 한 후 타자몽 프로그램에서 타자 연습을 해봐요.

01 '타자몽' 프로그램을 실행하여 영어와 한글 타자 연습을 진행해 봐요.

❶ '타자몽' 프로그램 실행하고 [공부타자] 클릭하기

❷ [교육과정] 클릭하기

❸ 과정 선택하고 [확인] 클릭하기

❹ 영어와 한글을 입력하며 타자 연습하기

02 타자 연습 결과에 나타난 '한글타수', '영어타수', '정확도'를 기록해 봐요.

	한글타수	영어타수	정확도
1차			

	한글타수	영어타수	정확도
2차			

	한글타수	영어타수	정확도
3차			

	한글타수	영어타수	정확도
4차			

Step 20. 장난감 쇼핑몰 CEO되기

미션 01 이미지 삽입하여 장난감 쇼핑몰 페이지 만들기

이미지를 삽입하여 장난감 쇼핑몰 페이지를 만들어 봐요.

01 파워포인트 프로그램()을 실행한 후 [열기]-[찾아보기]를 클릭해 '20강 예제.pptx' 파일을 불러와요.

02 [삽입] 탭-[이미지] 그룹-[그림( )]-[이 디바이스]를 클릭하여 '이미지1.png' 파일을 불러와요.

03 같은 방법으로 '이미지2'~'이미지4' 파일을 불러와 크기와 위치를 조절해요.

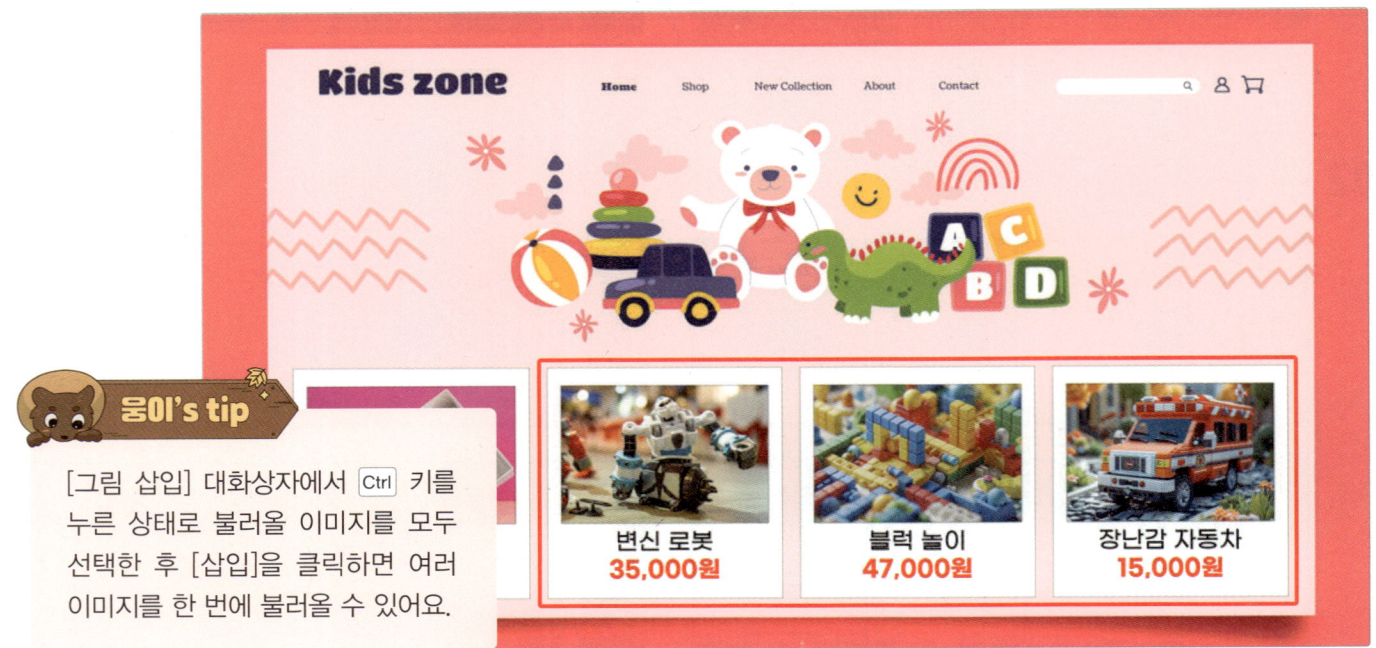

웅이's tip

[그림 삽입] 대화상자에서 Ctrl 키를 누른 상태로 불러올 이미지를 모두 선택한 후 [삽입]을 클릭하면 여러 이미지를 한 번에 불러올 수 있어요.

하이퍼링크 이용하여 장난감 쇼핑몰 페이지 완성하기

이미지를 클릭하면 쇼핑몰로 이동하도록 하이퍼링크를 연결해 봐요.

01 '네이버 사이트(https://naver.com)'에 접속하여 검색창에 '곰돌이 인형'을 검색한 후 [쇼핑]을 클릭해요.

02 결과 창이 나타나면 스크롤바를 움직여 '곰돌이 인형' 이미지와 연결하고 싶은 상품을 찾아 클릭해요.

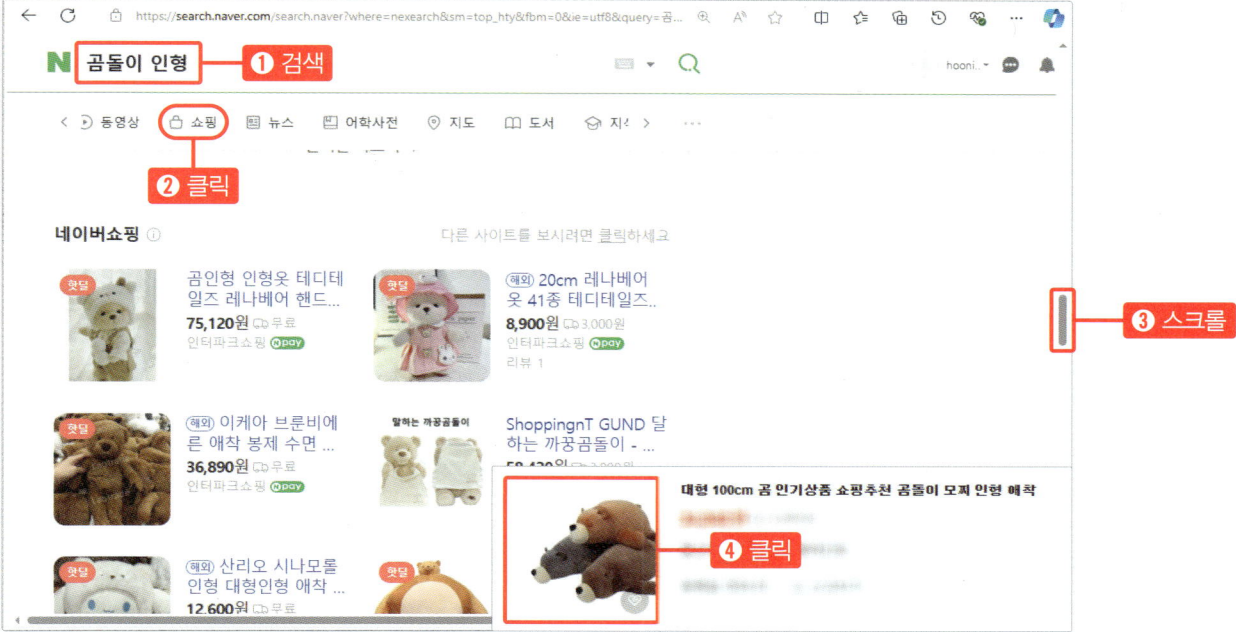

03 상품 상세 페이지가 나타나면 주소 표시줄의 주소를 클릭하고 Ctrl + C 키를 눌러 복사해요.

04 다시 파워포인트 화면으로 돌아와 '곰돌이 인형' 이미지를 선택하고 [삽입] 탭-[링크] 그룹-[링크(🔗)]를 클릭해요.

05 [하이퍼링크 삽입] 대화상자가 나타나면 [주소] 입력란을 클릭한 후 Ctrl + V 키를 눌러 복사한 쇼핑몰 주소를 붙여 넣고 [확인]을 클릭해요.

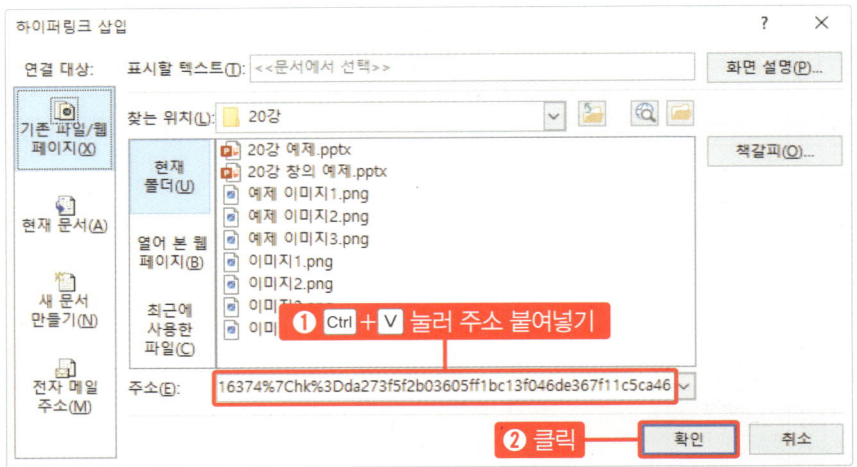

뭉이's tip

하이퍼링크란?
다른 웹 페이지, 슬라이드, 파일로 연결할 수 있는 기능으로 주로 이미지, 도형, 텍스트 등에 하이퍼링크를 연결해 사용해요.

06 [슬라이드 쇼] 탭–[슬라이드 쇼 시작] 그룹–[처음부터(🖵)]를 클릭하여 슬라이드 쇼를 시작하고 '곰돌이 인형' 이미지를 클릭해 앞서 하이퍼링크로 연결한 쇼핑몰로 이동하는지 확인해요.

07 Esc 키를 눌러 슬라이드 쇼를 종료하고 01~05와 같은 방법으로 '변신 로봇', '블록 놀이', '장난감 자동차'를 검색하여 연결할 쇼핑몰 주소를 복사한 후 각 이미지에 하이퍼링크를 연결해 봐요.

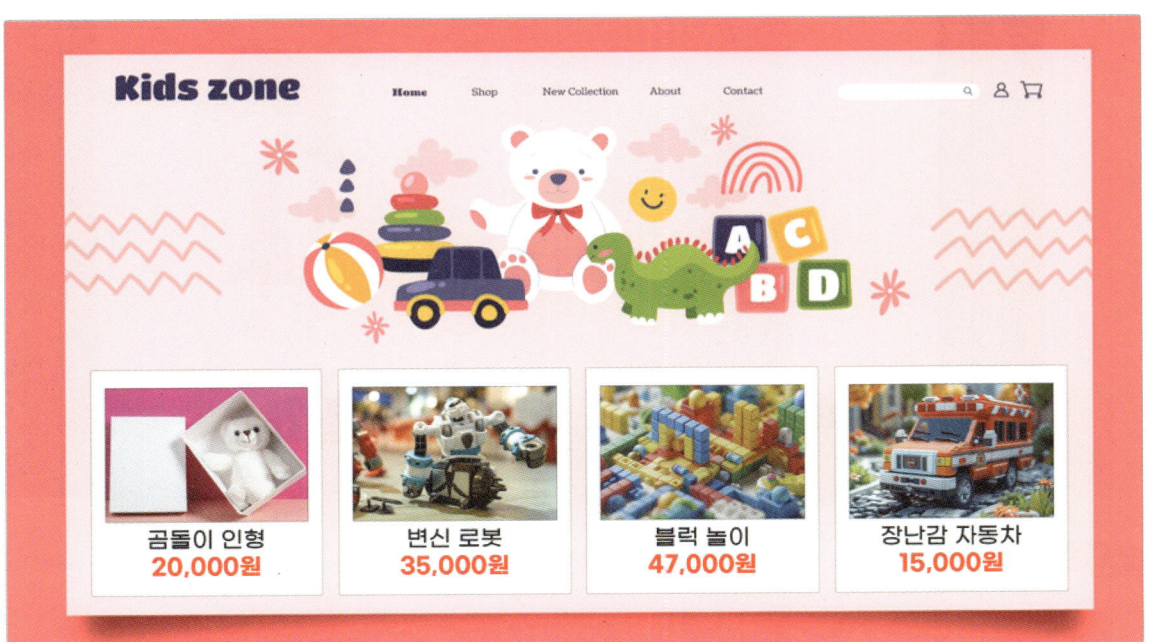

Step 20. 장난감 쇼핑몰 CEO되기 141

생각 쏙쏙 실력 쏙쏙

▶ 예제 파일 : 20강 폴더   ▶ 완성 파일 : 20강 창의 완성.pptx

1 실습 파일을 불러와 이미지를 삽입하여 나만의 플레이 리스트 화면을 꾸며 보세요.

2 유튜브에서 좋아하는 노래를 검색하여 플레이 리스트 이미지에 하이퍼링크를 연결해 보세요.

짹짹힌트 '유튜브 사이트(https://www.youtube.com/)'에 접속해 좋아하는 노래를 검색하고 주소 표시줄의 주소를 복사해요.

Step 21 고고씽! 동화 세계로 떠나기

오늘은 무엇을 배울까요?

- 도형 모양에 맞게 이미지를 잘라내요.
- 이미지에 애니메이션 효과를 적용해요.

타자&마우스 놀이

1. 공룡 타자 연습 사이트에서 틀린 그림찾기 게임을 실행해요.
2. 틀린 그림을 찾으며 마우스 연습을 해요.

파포 창작 놀이

- 예제 파일 : 21강 폴더
- 완성 파일 : 21강 완성.pptx

1. 도형 모양에 맞게 이미지를 잘라내요.
2. 이미지에 애니메이션 효과를 적용해 동화를 완성해요.

빨간 망토 차차

 **틀린그림찾기 게임으로 마우스 연습하기**

한컴 타자 연습을 한 후 공룡 타자 연습 사이트에서 틀린그림찾기 게임을 해봐요.

공룡 타자 연습 사이트(https://dino-typing.com)에 접속하여 틀린그림찾기 게임을 진행해 봐요.

❶ [공룡게임]-[틀린그림찾기] 클릭하기

❷ [게임하기] 클릭하기

❸ 그림 선택하기

❹ 게임 방법 확인하고 [게임하기] 클릭하기

❺ 왼쪽 그림과 오른쪽 그림에서 틀린 그림 찾기

❻ 틀린 부분 클릭하기

미션 01 도형 모양에 맞춰 이미지 잘라내기

이미지를 삽입하고 도형 모양에 맞춰 이미지를 잘라내 봐요.

01 파워포인트 프로그램( )을 실행한 후 [열기]-[찾아보기]를 클릭해 '21강 예제.pptx' 파일을 불러와요.

02 슬라이드 목록에서 '슬라이드 2'를 클릭하고 [삽입] 탭-[이미지] 그룹-[그림( )]-[이 디바이스]를 클릭하여 '이미지1.jpg' 파일을 삽입해요.

03 삽입된 이미지를 클릭하고 [그림 서식] 탭-[크기] 그룹-[자르기( )]-[도형에 맞춰 자르기]를 클릭한 후 '타원( )' 도형을 클릭해요.

Step 21. 고고씽! 동화 세계로 떠나기 145

04 다시 [그림 서식] 탭-[그림 스타일] 그룹-[그림 효과]-[부드러운 가장자리]-[50 포인트]를 클릭하여 이미지가 배경과 어울리도록 만들어요.

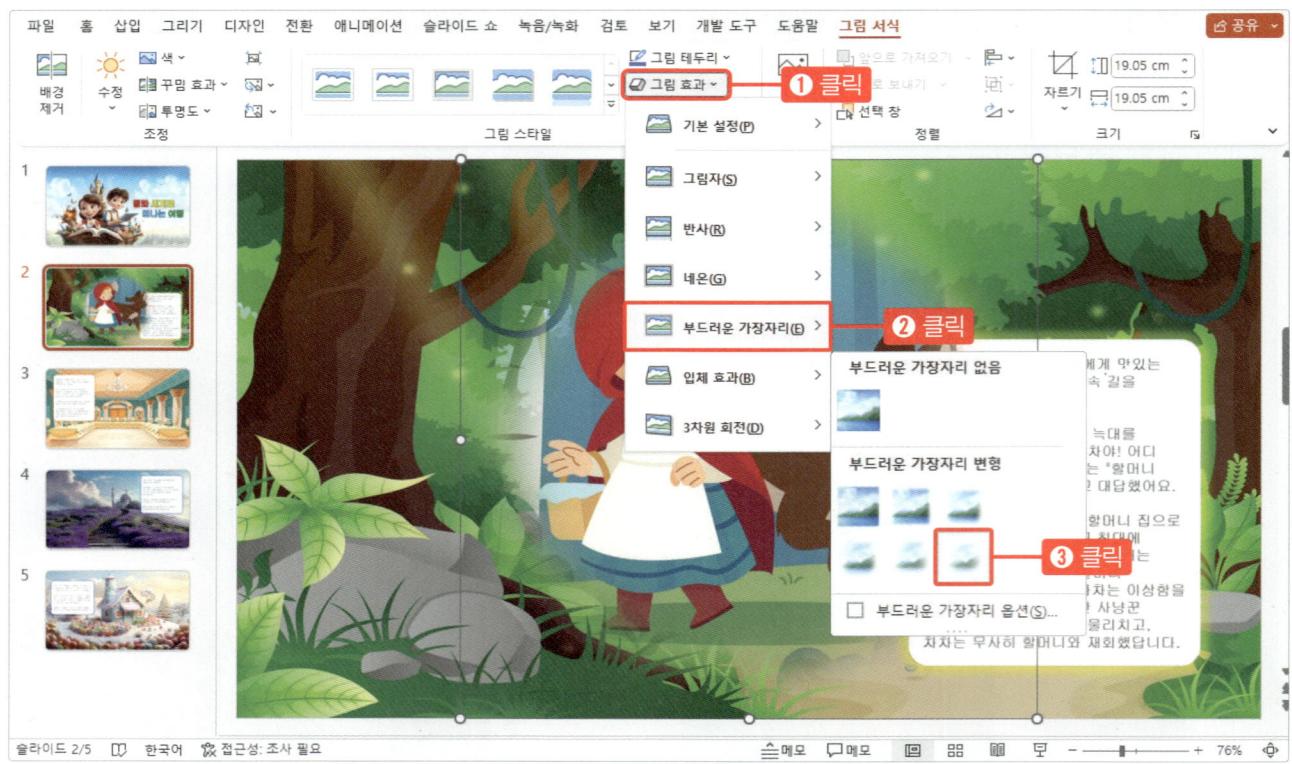

웅이's tip

부드러운 가장자리 효과는 포인트 값에 따라 흐려지는 정도가 달라지기 때문에 이미지의 크기에 따라 포인트 값을 선택해요.

05 이미지의 크기와 위치를 배경에 맞게 조절해요.

미션 02 이미지에 애니메이션 적용하여 동화 완성하기

이미지에 애니메이션 효과를 적용하고 워드아트를 삽입해 동화 장면을 완성해 봐요.

01 이미지를 선택하고 [애니메이션] 탭-[애니메이션] 그룹-[밝기 변화]를 클릭해요.

웅이's tip
애니메이션이 적용된 개체에는 애니메이션의 순서를 나타내는 표시가 생겨요.

02 [삽입] 탭-[텍스트] 그룹-[WordArt(✈)]를 클릭하여 원하는 워드아트를 삽입하고 "빨간 망토 차차"를 입력한 후 글자 서식을 변경해요.

03 앞서 배운 내용을 바탕으로 '슬라이드 3'~'슬라이드 5'에도 배경에 맞는 이미지를 삽입하고 애니메이션을 적용해 동화를 완성한 후 F5 키를 눌러 완성 작품을 확인해요.

Step 21. 고고씽! 동화 세계로 떠나기

생각 쏙쏙 실력 쑥쑥

▶ 예제 파일 : 21강 폴더　▶ 완성 파일 : 21강 창의 완성.pptx

1 실습 파일을 불러와 이미지를 삽입하고 애니메이션을 적용하여 여행 감상문을 완성해 보세요.

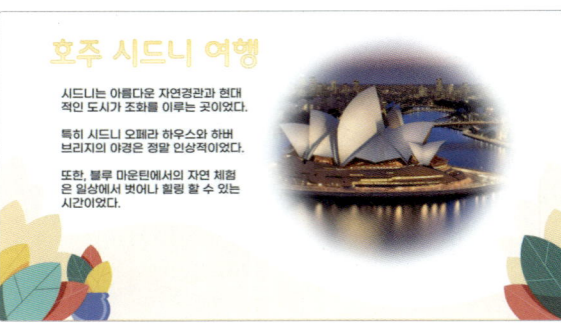

- 애니메이션 효과 : 밝기 변화
- 워드아트 : 무늬 채우기: 청회색,
  　　　　　어두운 상향 대각선 줄무늬,
  　　　　　진한 그림자

- 애니메이션 효과 : 밝기 변화
- 워드아트 : 그라데이션 채우기: 황금색,
  　　　　　강조색 4, 윤곽선: 황금색, 강조색 4

- 애니메이션 효과 : 밝기 변화
- 워드아트 : 무늬 채우기: 파랑, 강조색 1, 50%,
  　　　　　진한 그림자: 파랑, 강조색 1

- 애니메이션 효과 : 밝기 변화
- 워드아트 : 채우기: 주황, 강조색 2,
  　　　　　윤곽선: 주황, 강조색 2

반짝반짝 크리스마스 트리

오늘은 무엇을 배울까요?

- 도형 효과를 적용해 전구를 만들어요.
- 애니메이션 효과를 이용해 전구를 깜박여요.

1. 공룡 타자 연습 사이트에 접속해요.
2. 폭탄 안의 단어를 입력하며 타자 연습을 해요.

● 예제 파일 : 22강 폴더   ● 완성 파일 : 22강 완성.pptx

1. 도형을 삽입하고 도형에 네온 효과를 적용해요.
2. 도형에 애니메이션 효과를 적용해 전구가 깜박이도록 만들어요.

 **공룡 타자 연습 사이트에서 타자 연습하기**

한컴 타자 연습을 한 후 공룡 타자 연습 사이트에서 타자 연습을 해봐요.

01 공룡 타자 연습 사이트(https://dino-typing.com)에 접속하여 공룡 마을을 지키며 타자 연습을 진행해 봐요.

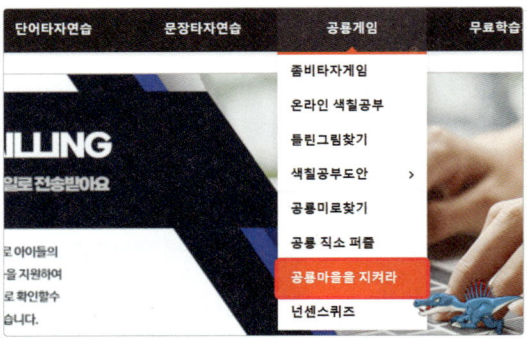
❶ [공룡게임]-[공룡마을을 지켜라] 클릭하기

❷ [한글게임] 클릭하기

❸ 레벨 선택하기

❹ [시작하기] 클릭하기

❺ 폭탄 안의 단어를 입력하며 타자 연습하기

❻ 결과 확인하기

02 공룡 타자 연습 결과에 나타난 '획득점수', '연습시간', '정답률'을 기록해 봐요.

	획득점수	연습시간	정답률
1차	점	초	%

	획득점수	연습시간	정답률
2차	점	초	%

미션 01 도형 이용하여 전구 만들기

도형을 삽입하고 네온 효과를 적용하여 크리스마스 트리의 전구를 만들어 봐요.

01 파워포인트 프로그램(P)을 실행한 후 [열기]-[찾아보기]를 클릭해 '22강 예제.pptx' 파일을 불러와요.

02 [삽입] 탭-[일러스트레이션] 그룹-[도형]에서 '타원(○)' 도형을 삽입해요.

웅이's tip

Shift 키를 누른 상태로 마우스를 드래그 하면 '정원' 도형을 삽입할 수 있어요.

03 삽입된 도형의 색상을 변경하고 [도형 서식] 탭-[도형 스타일] 그룹-[도형 효과]-[부드러운 가장자리]-[5 포인트]를 클릭한 후 [네온]-[네온: 8pt, 주황, 강조색 2]를 클릭해요.

Step 22. 반짝반짝 크리스마스 트리

04 도형을 선택하고 Ctrl 키를 누른 상태로 드래그하여 트리 곳곳에 전구를 설치하고 도형의 색상을 자유롭게 변경해요.

05 **03**과 같은 방법으로 전구 색상에 어울리는 네온 효과를 적용해요.

> **웅이's tip**
> Ctrl 키를 누른 상태로 같은 색상의 도형을 선택하고 네온 효과를 적용하면 더욱 빠르게 작업할 수 있어요.

06 Ctrl + A 키를 눌러 모든 전구를 선택하고 마우스 오른쪽 버튼을 클릭한 후 [그룹화]–[그룹]을 클릭해요.

미션 02 전구에 애니메이션 적용하여 반짝이는 트리 완성하기

도형 효과를 적용한 전구에 애니메이션을 적용하여 반짝이는 트리를 완성해 봐요.

01 [애니메이션] 탭-[애니메이션] 그룹-[밝기 변화]를 클릭하고 [고급 애니메이션] 그룹-[애니메이션 창]을 클릭해요.

02 [애니메이션 창]이 나타나면 애니메이션이 적용된 도형(그룹)을 클릭하고 [효과 옵션]을 클릭하여 [밝기 변화] 대화상자가 나타나면 [타이밍] 탭에서 애니메이션 효과를 지정한 후 [확인]을 클릭해요.

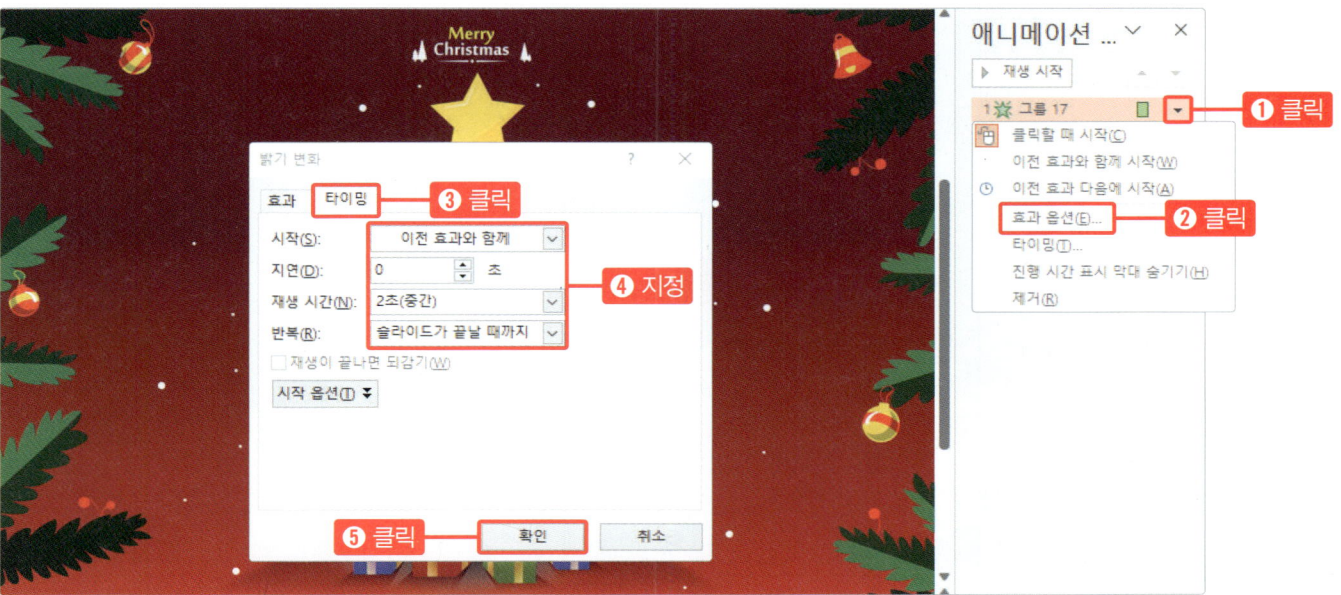

03 F5 키를 눌러 전구가 반짝이는 크리스마스 트리를 감상해 보세요.

생각 쏙쏙 실력 쏙쏙

▶ 예제 파일 : 22강 폴더   ▶ 완성 파일 : 22강 창의 완성.pptx

1 실습 파일을 불러와 도형을 이용하여 하늘에서 내리는 눈을 만들어 보세요.

2 애니메이션 효과를 적용하여 나타났다 사라지는 눈을 완성해 보세요.

짹짹힌트 '밝기 변화' 효과를 적용하고 계속해서 효과가 반복되도록 효과 옵션을 변경해요.

짜릿짜릿! 신나는 워터파크

오늘은 무엇을 배울까요?

- 사용자 지정 경로를 적용하여 이미지를 이동시켜요.
- 애니메이션에 효과음을 적용해요.

1. 타닥타닥 사이트에 접속해 기억력 게임을 실행해요.
2. 마우스를 클릭하며 그림의 짝을 맞춰요.

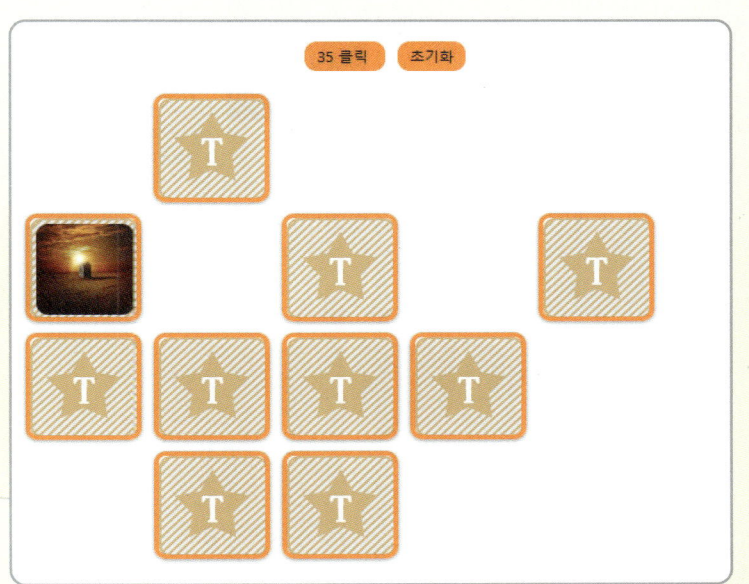

● 예제 파일 : 23강 폴더   ● 완성 파일 : 23강 완성.pptx

1. 이미지를 삽입하고 사용자 지정 경로 애니메이션을 적용해요.
2. 애니메이션에 효과음을 적용해 실감나는 워터파크를 만들어요.

기억력 게임으로 마우스 연습하기

한컴 타자 연습을 한 후 타닥타닥 사이트에서 기억력 게임을 해봐요.

타닥타닥 사이트(https://tadaktadak.co.kr/)에 접속하여 기억력 게임을 하며 마우스 연습을 진행해 봐요.

❶ [Play게임]-[기억력게임] 클릭하기　　❷ [시작하기] 클릭하기

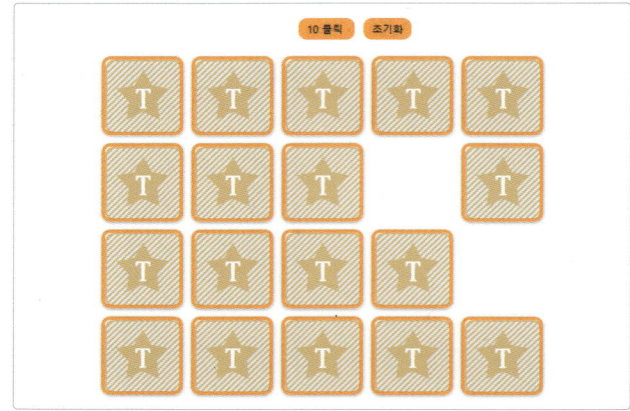

❸ 카드 선택하기　　❹ 같은 그림 찾아 카드 없애기

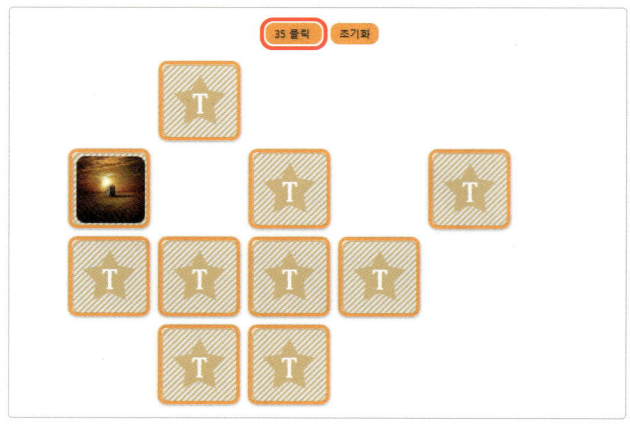

❺ 클릭한 횟수 확인하기　　❻ 게임 종료하고 결과 확인하기

애니메이션에 이동 경로 적용하여 이미지 움직이기

이미지를 삽입하고 사용자 지정 경로 애니메이션을 적용하여 이미지가 움직이도록 해봐요.

01 파워포인트 프로그램( )을 실행한 후 [열기]-[찾아보기]를 클릭해 '23강 예제.pptx' 파일을 불러와요.

02 [삽입] 탭-[이미지] 그룹-[그림( )]-[이 디바이스]를 클릭하여 '이미지1'~'이미지3' 파일을 삽입해요.

이미지가 삽입되면 크기와 위치를 조절해 워터파크에서 신나게 수영하는 모습을 표현해 보세요.

03 '이미지1'을 선택하고 [애니메이션] 탭-[애니메이션] 그룹-[이동 경로]-[사용자 지정 경로]를 클릭해요.

Step 23. 짜릿짜릿! 신나는 워터파크

04 마우스 포인터가 '+' 모양으로 변경되면 미끄럼틀을 타는 모습을 표현하기 위해 마우스를 드래그하여 그림과 같이 이동 경로를 그린 후 더블클릭하여 애니메이션을 적용해요.

05 03~04와 같은 방법으로 '이미지2', '이미지3'에도 사용자 지정 경로 애니메이션을 적용하여 워터파크에서 수영을 하는 모습을 표현해 보세요.

 친구들이 워터파크에서 수영하는 모습을 상상하며 이동 경로를 자유롭게 지정해 보세요.

애니메이션에 효과음 적용하기

애니메이션에 효과음을 적용하여 생동감 넘치는 워터파크를 완성해 봐요.

01 '이미지1'을 선택하고 [애니메이션] 탭-[고급 애니메이션] 그룹-[애니메이션 창]을 클릭하여 [애니메이션 창]이 나타나면 '그림 2'를 클릭하고 [효과 옵션]을 클릭해요.

02 [사용자 지정 경로] 대화상자가 나타나면 [추가 적용]-[소리]에서 [다른 소리]를 클릭하고 '소리지르는 효과음.wav' 파일을 불러온 후 [확인]을 클릭해요.

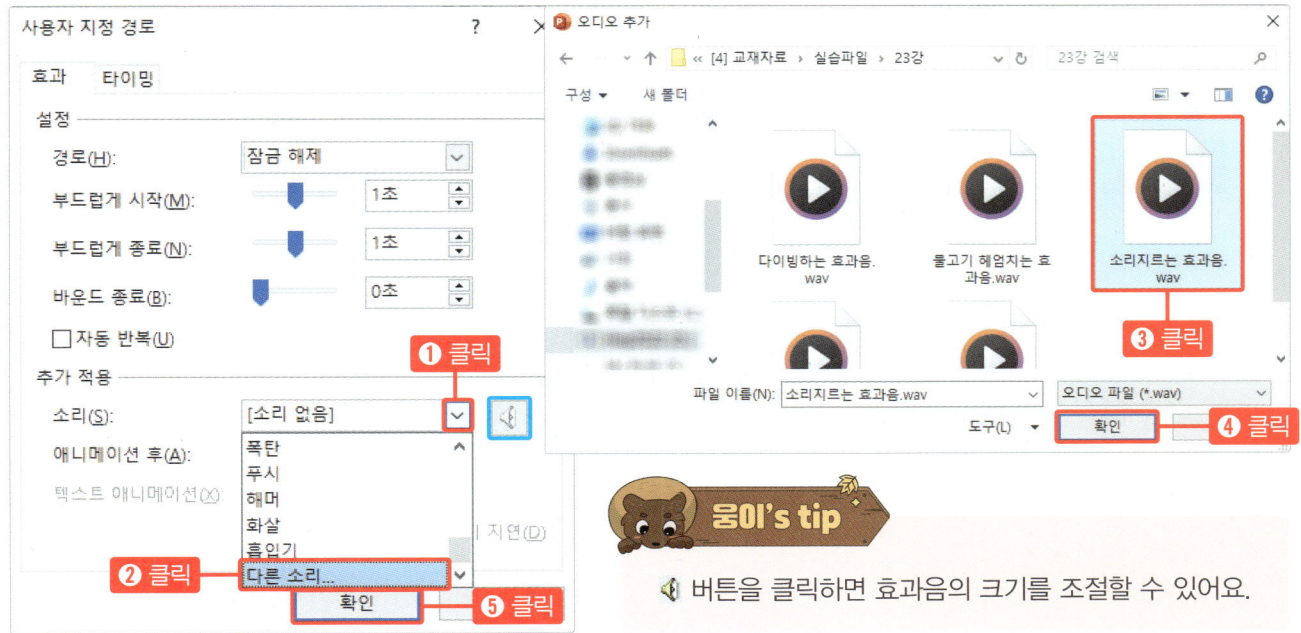

웅이's tip

🔊 버튼을 클릭하면 효과음의 크기를 조절할 수 있어요.

Step 23. 짜릿짜릿! 신나는 워터파크

03 같은 방법으로 '이미지2', '이미지3'에도 '수영하는 효과음.wav', '다이빙하는 효과음.wav'를 적용해요.

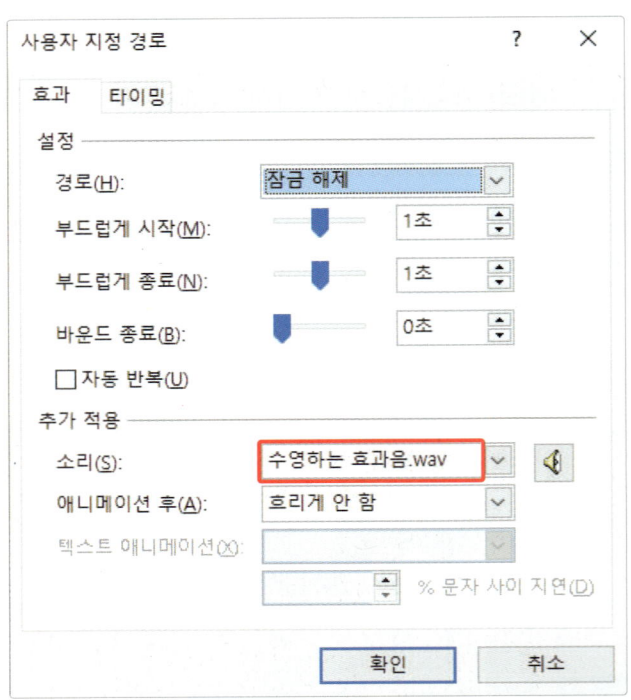
▲ 이미지2

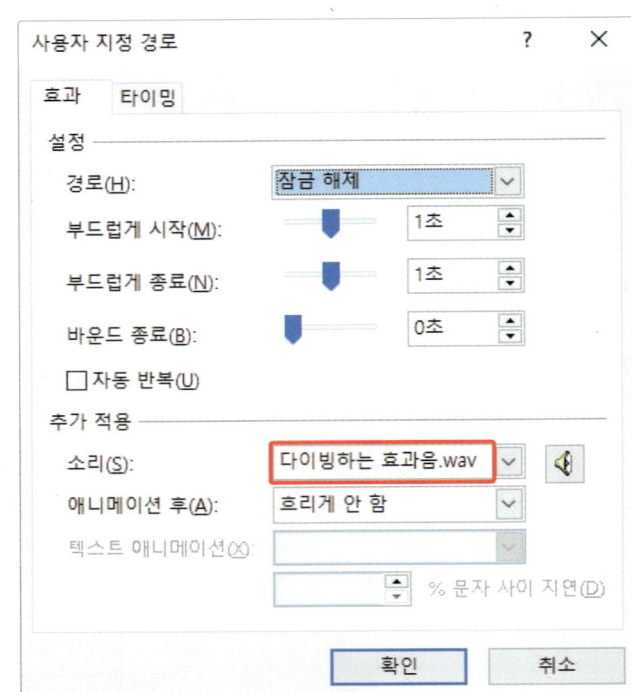
▲ 이미지3

04 F5 키를 눌러 슬라이드 쇼를 실행하고 마우스를 클릭하여 이미지들이 지정된 경로로 이동하고 효과음이 재생되는지 확인해 보세요.

생각 쏙쏙 실력 쏙쏙

▶ 예제 파일 : 23강 폴더　▶ 완성 파일 : 23강 창의 완성.pptx

1 실습 파일을 불러와 이미지를 삽입하고 사용자 지정 경로 애니메이션을 적용해 보세요.

2 애니메이션에 효과음을 적용하여 실감나는 미로 찾기 지도를 완성해 보세요.

 '오리 효과음.wav', '물고기 헤엄치는 효과음.wav' 파일을 적용해요.

Step 23. 짜릿짜릿! 신나는 워터파크

Step 24 냥이타옹~ 캣튜브 슬라이드

오늘은 무엇을 배울까요?

- 화면 전환 효과를 적용해 자연스러운 슬라이드를 만들어요.
- 슬라이드에 음악을 삽입하고 옵션을 설정해요.

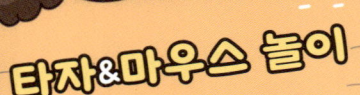

1. 오토 드로우 사이트에 접속해요.
2. 마우스를 이용하여 눈사람을 그려요.

● 예제 파일 : 24강 폴더　● 완성 파일 : 24강 완성.pptx

1. 슬라이드에 화면 전환 효과를 적용해요.
2. 음악을 삽입하고 음악이 전체 슬라이드에 적용되도록 옵션을 설정해요.

162 또롱또롱 처음 배우는 파포 2021

오토 드로우 사이트에서 마우스 연습하기

한컴 타자 연습을 한 후 오토 드로우 사이트에서 그림을 그리며 마우스 연습을 해봐요.

오토 드로우 사이트(https://www.autodraw.com/)에 접속하여 마우스 연습을 진행해 봐요.

❶ [Shape(　)] 클릭하여 눈사람 그리기

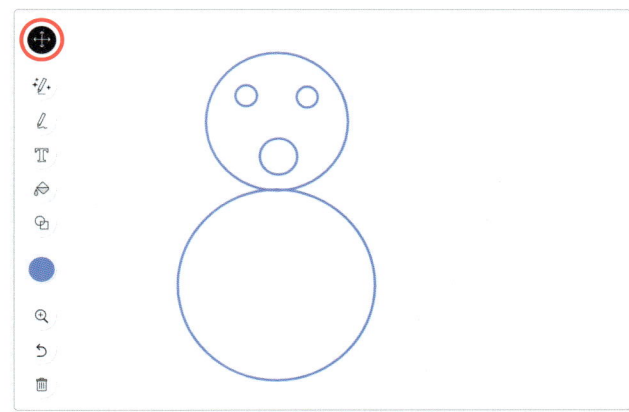

❷ [Select(　)] 클릭하여 도형의 크기와 위치 조절하기

❸ [Fill(　)] 클릭하기

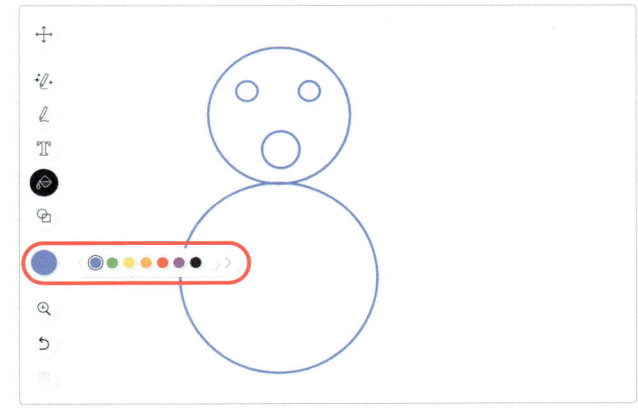

❹ 색상 선택하기

❺ 도형 클릭하여 눈사람 채색하기

❻ 다양한 색상 선택하여 눈사람 완성하기

Step 24. 냥이다옹~ 캣튜브 슬라이드 163

미션 01 화면 전환 효과 이용하여 슬라이드 꾸미기

슬라이드를 추가하고 화면 전환 효과를 이용하여 캣튜브 슬라이드를 꾸며봐요.

01 파워포인트 프로그램( )을 실행한 후 [열기]-[찾아보기]를 클릭해 '24강 예제.pptx' 파일을 불러와요.

02 슬라이드 목록에서 '슬라이드 1'을 선택하고 Enter 키를 눌러 슬라이드를 9개 추가한 후 '슬라이드 1'이 선택된 상태에서 슬라이드를 마우스 오른쪽 버튼으로 클릭하여 [배경 서식]을 클릭해요.

03 [배경 서식] 창에서 [채우기]-[그림 또는 질감 채우기]를 클릭한 후 [그림 원본]-[삽입]을 클릭하여 '이미지1.jpg' 파일을 삽입해요.

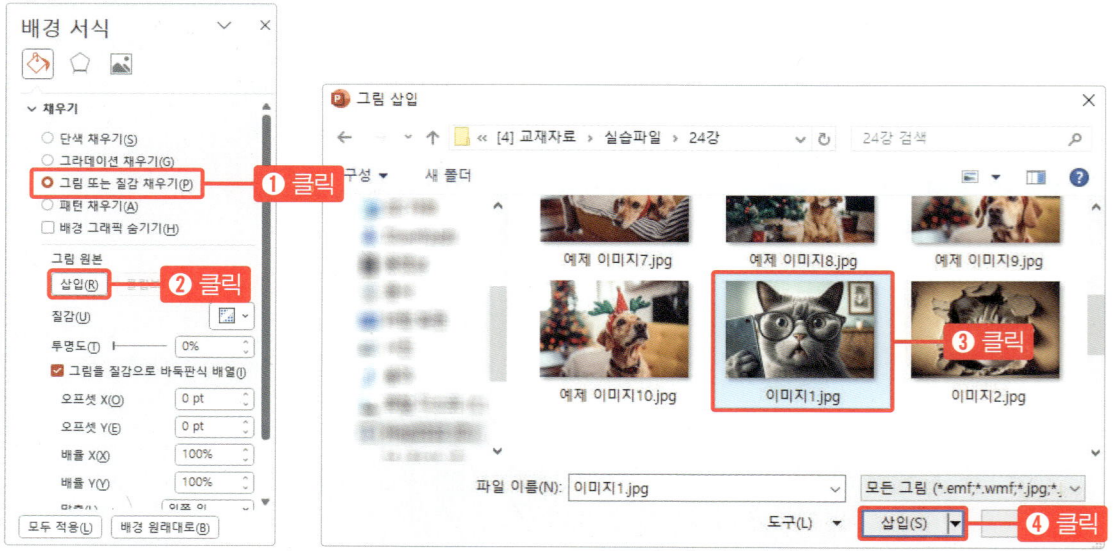

164 또롱또롱 처음 배우는 파포 2021

04 같은 방법으로 '슬라이드 2'~'슬라이드 10'의 배경을 고양이 이미지로 채워 보세요.

05 '슬라이드 1'을 선택하고 [전환] 탭-[슬라이드 화면 전환] 그룹-[화려한 효과]-[임의 효과]를 클릭해요.

웅이's tip
- [미리 보기(📺)]를 클릭하면 슬라이드에 적용된 화면 전환 효과를 미리 확인할 수 있어요.
- 화면 전환 효과가 적용된 슬라이드에는 슬라이드 목록 창에 ★ 모양이 표시돼요.

06 앞서 배운 내용을 바탕으로 '슬라이드 2'~'슬라이드 10'에 화면 전환 효과를 적용해 보세요.

음악 삽입하여 캣튜브 슬라이드 완성하기

슬라이드에 음악을 삽입하고 모든 슬라이드에서 음악이 재생되도록 해봐요.

01 '슬라이드 1'을 선택하고 [삽입] 탭-[미디어] 그룹-[오디오(🔊)]-[내 PC의 오디오]를 클릭하여 '고양이 배경음악.mp3' 파일을 삽입해요.

02 슬라이드에 🔊 모양이 나타나면 🔊를 선택하고 [재생] 탭-[오디오 옵션] 그룹에서 그림과 같이 옵션을 설정해요.

03 F5 키를 눌러 슬라이드 쇼를 시작하고 마우스를 클릭하며 캣튜브 슬라이드를 확인해 보세요.

생각 쏙쏙 실력 쑥쑥

▶ 예제 파일 : 24강 폴더   ▶ 완성 파일 : 24강 창의 완성.pptx

1 실습 파일을 불러와 슬라이드를 추가하고 이미지를 삽입해 슬라이드 배경을 만들어 보세요.

2 화면 전환 효과를 적용하고 음악을 삽입하여 멍튜브 슬라이드를 완성해 보세요.

짹짹힌트 '강아지 배경음악.mp3' 파일을 삽입하고 모든 슬라이드에서 음악이 재생되도록 설정해요.

Step 24. 냥이다옹~ 캣튜브 슬라이드

초등 전과목
디지털학습 플랫폼

디지털 초ㅋ

첫 달 100원
무제한 스터디밍

지금 신규 가입하면
첫 달 ~~9,500원~~ → 100원!

초등 전과목 교과 학습

AI 문해력 강화 솔루션

AI 수학 실력 향상 프로그램

웹툰으로 만나는 학습 만화

초중고 교과서 발행 부수 1위 기업 MiraeN